课堂教学卷

于漪全集

7

上海教育出版社

20世纪80年代初,暑假赴大庆支教

20世纪80年代中期,应香港"中国语文学会"邀请,参加大会并作学术报告

20世纪80年代后期,赴沈阳参加"中学语文教学改革会议",会后享受雪落辽宫的美景

1989年,应澳门"中国语文学会"邀请作学术报告

出版说明

《于漪全集》是基础教育领域首部特级教师的全集,也是上海教育出版社为特级教师出版的第一部全集。它的出版,对于传承、弘扬和建设新时代社会主义文化,对于以教育自信创建自信的教育具有重要意义。

《于漪全集》收录了于漪在不同时期发表于全国各类期刊和出版于多种图书的论文、讲话、序跋等作品。难免挂一漏万,故对写作时间和文章出处不一一注明,留待日后修订逐步完善。同时,对原发期刊编辑部、图书出版单位一并致谢。

全集由上海市教师学研究会组织有关教师、专家编辑。于漪的教育思想植根于教学实践,是理论与实践的有机融合和生动阐述。有时一材多用,是为了从不同角度阐释相关问题,为读者呈现丰富的不同历史阶段的思考成果。

全集以"一辈子学做教师"为线索,根据文章内容,共分 8 卷 21 册,从基础教育、语文教育、课堂教学、阅读教学、写作教学、教师成长、序言书信、教育人生八个方面多维度展现于漪来自教育第一线的理论研究成果,力求树立当代教育家的典型形象。

目录

涌动生命的课堂

知识短文教学   3
  《形声字》课堂实录   3
说话教学   29
  "口头表达训练"课堂实录   29
阅读教学   62
  《驿路梨花》课堂实录   62
  《荔枝蜜》课堂实录   70
  《花儿为什么这样红》课堂实录   94
  《少年中国说》课堂实录   123
  《唐雎不辱使命》课堂实录   160
  《春夜喜雨》《忆江南》《渔歌子》课堂实录   199
写作教学   219
  "'一件工艺品'作文讲评"课堂实录   219
  "《0 与 32 之比》作文讲评"课堂实录   235

涌动生命的课堂

知识短文教学

《形声字》课堂实录

时间：1985年6月8日下午第一节课
执教：杨浦中学　于　漪
班级：初三(4)班

师：有个同学曾经对我说，他是郑重其事地说的，因为他常写错别字。他说："老师，汉字这么多，要把这些汉字都读正确、写正确实在是很难的，老师你能不能有什么好方法教教我？"我听了他这番话之后，觉得确实是这样，我们的汉字数量是很多的，有好几万，不知道同学们知不知道，有这么一部非常有名的字典，就是在清朝康熙年间编的一本字典《康熙字典》，里面收的字有多少呢？有 47 035 个（板书：47 035）。而中国字又是方块字，每个字都有它的形、音、义，确实容易写错。我们平时常用的字有多少？

生：几百个。

师：几百个？

生：几千个。

师：对！几千个，所以要学好我们的汉字。学习汉字确实是一件很不容易的事情，但是不是一筹莫展呢？倒也不是这样。其实汉字有些构造的方法是有规律可循的。今天学的知识短文《形声字》，就是讲汉字的构造方法。我们把书翻到第 5 页。这篇知识短文介绍汉字的几种构字方法,形声字是其中之一。为什么这篇知识短文要以"形声字"为标题?我们暂且不说,学习后你们就清楚了。现在请同学们读一读"汉字的构造"这部分,一共三段,看了以后思考回答两个问题:汉字主要的构造方法有哪几种?最重要的是什么?自己边看边在书上做记号。举的例子要一一看清楚。(巡回)现在请同学讲,汉字的造字方法主要有几种?

生 1:汉字的构造方法主要有三种,是象形、会意、形声,其中最重要的是形声。

师:对不对?(部分学生点头)对了,那么什么叫象形呢?好,请同学们看(出示"⊙""☽""⛰")象形字,刚才我们看了书,现在请你们来讲这是什么字啊?(指"⊙")

生(多数):日。

生(个别):这像个圆。

师:这是个圆?象形,什么叫象形?你们看,请一个同学站起来讲。好,×××,这三个是什么?是什么图形?

生 2:这第一个是"日"吧,(师指"☽")是"月",(师指"⛰")是"山"。

师:对不对?

(生部分点头)

师:那么为什么说它是象形呢?

生 2:因为这三个字都是根据实物的形状绘制出来的。

师:书上怎么说?

生 2:是用描绘实物的形状的方法来造字。

师:对不对?这些字是怎么造的?是按照实物的形状来描绘的,对吧?开始的时候是象形文字。这个像什么?(指"⊙")就像太阳,这个像月亮(指"☽"),像山(指"⛰"),所以先弄清楚什么叫象形字,这种造字方法是按照实物的形状来加以描绘的,接下来我们再请同学们看(出示"牧""采""莫"),这三个是什么字?

生3:第一个是"牧"。

师:牧。

生3:第二个是"采"。

师:采。

生3:第三个是"莫"。

生(议论):"暮"。

师:到底是"莫"还是"暮"待会儿看。这些字是会意的,用会意的方法来造字的,为什么说是会意?说说看。

生3:因为它们每一个字都是由几个具体的形体合起来组成的,表示一个比较抽象的意思。

师:一个字由几个具体的形体合起来,表示一个比较抽象的意思,会意的造字方法解释得对不对?请你们一一来讲怎么会意,什么是形体,说说看,谁来说?

生4:第一个字"牧",它左边像有两个角,有了两个角——

师:有两个角。

生4:就像一头牛。

师:像一头牛。

生4:右边就像个树杈,枝枝丫丫的树杈,用树杈赶着牛就是"牧"。

师:就是"牧",用树杈赶着牛就是"牧"。(生议论纷纷)有不同意见你们等一下再说。第二——

生4:第二个"采",上面就像一只"手"。

师:上面像一只"手"。

生4:下面是根木头。

师：树木的木。

生4：用手去接触这个就是"采"。

师：就是"采",采摘。

生4：第三,上面部分和下面部分就像一根根杂草在丛生。

师：一根根杂草在丛生。(笑)

生4：当中就像一个太阳,太阳落在草丛里,这就是太阳落山了,这就是"暮"。

师："莫",现在我们写法下面还有一个什么字啊?

生(议论):还有"日"。

师：还有"日",对,现在我们的写法是(板书:暮)是不是这样?(生点头)好,请坐。刚才有不同意见,说这个讲法不完全对(指"牧")嗯,××,你说,什么地方不对啊?(该生说不出)(他生举手)×××。

生5：里面还有一只手拿着木。

师：手在什么地方?

生(议论):右边。

师：右边什么地方?

生(议论):下面。

师：对!右边的下边像手握着树杈来放牧,所以叫"牧"。这会意字的造字方法清楚了没有?我们一起说一遍会意字的造字方法是怎样的。

生(齐讲):一个字由几个具体的形体合起来,表示一个比较抽象的意思。

师：对,表示一个比较抽象的意思。但这个字是由几个什么——具体的形体组成的,表示一个抽象的意思。书上给我们举了这么几个例子帮助我们来认识。现在请同学们辨别一下(出示"人""众""目""男""车""信"),这里一共有六个字,请辨别一下哪些是象形字,哪些是会意字?看清楚,要说出道理。(生议论纷纷)好,我们现在请××讲哪几个是象形字?

生6:人。

师:人。

生6:目。

师:目。

生6:车。

师:车。

生6:是象形的。

师:是象形的,像不像人?

生(部分):像。

师:"目",眼睛,这个呢,车子有横的,有竖的,刚才讲过了,象形是什么?

生(部分):按照实物的形状来——

师、生:描绘实物的形状的。

师:另外呢?这是什么字?(指"众")

生(部分):会意字。

师:为什么是会意字?

生(议论):三个人。

师:那么多,××,一个人讲,××说。

生6:"众"是三人为"众",就写了三个人。

师:三人为众,人是一个具体的形体,几个具体的形体把它合起来,表现一个抽象的意思,三人为众,两个人呢?

生:为"从"。

师:对,这个呢?(指"男")

生6:"男"是田里的劳动力。

师：田里的劳动力,看看还可以讲得确切一点吧?为什么叫"男"呢?种田要怎么样?要用力气,因此它是会意,对吧?这个呢?(指"信")

生6："人"是……(说不出了)

生(议论)：人之言。

师：人之言要怎么样?

生7："信"就是人说的话,人说的话应该言之有信。

师：应该是言之有信,它是由两个部分,"人""言"组成的,所以叫"信",要言之有信。我们对会意跟象形这两个概念有所理解,我们也辨别了一下。造字方法是不是只有书上说的三种呢?还有谁知道,我们曾经提过的?

生8：有假借和指事。

师：有假借和指事。

生8：还有转注。

师：通常我们讲造字方法有哪几种呢?(出示"象形""指事""会意""假借""形声""转注")书上给我们介绍了三种,但是在古书上往往是说六种,是(边指板书边讲)"象形、会意、形声、指事、假借、转注",不知道的可以记一记,我们通称它们是"六书"(板书：六书)。"六书"通常说的就是这六种造字的方法,其中假借、转注比较难理解,"指事"同学们还是比较容易理解的,比如"上"它就是一个东西在上面,后来就造一个字是什么?(板书：上)就是"下"呢,在下面,这是比较容易理解的(板书：下),又比如"一"(板书：一)、"二"(在板书的"一"上加一横"二")、"三"(在板书的"一"上再加一横"三")、"四"把它搬过来了(手腕示意转动一下),还比如我们同学两个字老是要搞错的"木"(板书：木),这树木的下面根部应该是什么啊?

生(议论)：横。

师：这一横应该加在什么地方啊？

生（议论）：下面。

师：对，在下面（在板书的"木"下加一横成为"本"），树梢呢？（板书：木）树梢应该在哪里？

生（部分）：上面。

师：噢！上面（在板书的"木"上加一横成为"末"）。

生（议论）："末"。

师："末"也可以，这是作为树梢就是指事。在这些造字方法当中，最多的就是刚才××同学（指生1）讲的形声字，因为汉字的发展趋势是表形，先是象形，对吧？趋向意，再趋向音，表形、表意、表音，到了汉代的时候，形声字已经在汉字里占了很重要的位置，请同学们看一看形声字在汉字中的比例就一目了然了。〔出示：形声字：甲骨文里占20%，《说文解字》（许慎著）里占80%多，现代达90%以上〕在甲骨文里形声字只占20%，在《说文解字》阶段，这《说文解字》是专门讲文字的书籍，作者是东汉的许慎。在这部专门讲文字的书里形声字要占80%多，就是说9 000多字里面，形声字有多少？8 000多，在现代汉语里形声字要达多少？90%以上。所以有人说我们这个汉字系统主要是以形声字为系统的字，现代汉语里我们用的形声字要占90%以上，把这个数据记下来。

（生集体记录）

师：因此我们对形声字的结构就必须有正确的认识，它既然在汉字里占90%以上，我们认识它、了解它、掌握它就可以方便我们认字、读字、写字。形声字究竟是怎么构造出来的？我们就要分析它的结构。现在请同学们把形声字这部分第1、2两段读一读，读了以后回答以下的问题，什么叫形声字？形声字是由几个部分组成的？形旁和声旁排列的位置是多种多样的，有哪几种？自己把它画出来。

(生集体边阅读,边在书上画)

师:现在请同学讲讲看什么叫形声字?(学生举手)就××一个知道?怎么讲(学生举手)?好,××讲。

生9:形声字是由两部分组成,表示这个字的意义的一部分叫作形旁,表示这个字的读音的一部分叫作声旁。

师:举例说明。

生9:像"纲""模""理"这些字都是由声旁和形旁组成的。

师:对不对?

生(部分):对。

师:好,请坐。现在请你们再看这里。

(出示)

形旁	声旁	形声字
	奇	椅
	凳	櫈
木	加	架
(形旁)厨		橱
艹		芳
阝		防
方	女	妨
(声旁)土		坊

师:这些都是什么字?

生(齐):形声字。

师:都是形声字,形声字是由两个部分组成的,那么请××先说第一个字。

生(摇头):看不出。

(师指定学生)

生10:奇

师、生：椅。

师：形旁是什么？

生10：形旁是"木"。

师：形旁是"木"，对不对？

生（多数）：对。

师：声旁呢？

生10：声旁是"奇"。

师："椅"，形旁的"木"和声旁的"奇"就组成了椅子的"椅"，对吧？"椅"是由形旁和声旁组成的，请坐。形旁表什么？

生（集体）：意。

师：声旁？

生（集体）：声音。

师：嗯，表读音。形旁表字的意思，声旁表字的（师、生：读音）。好，现在我们再来看第二个字。

生11："凳"是声旁，"木"是形旁。

师：那么形旁这个"木"和声旁这个——

生11：声旁的"凳"。

师：组成了这个什么字？

生11："櫈"，櫈子的櫈。

师：好，××说。

生12：由形旁的"木"，声旁的"加"组成了形声字"架"。

师：架子的"架"。

生13：形旁的"木"和声旁的"厨"组成了"橱"。

师：什么"橱"？

生13：橱柜。

师：橱柜。好，再来，××。

生 14：由声旁的"方"，形旁的"艹"组成了——

师：什么字？

生 14：芬芳的"芳"。

师：芬芳的"芳"，好，请坐。刚才形旁都一样，现在呢，声旁都一样。

生 15：由"方"作声旁，"阝"偏旁做形旁，构成了一个防护的"防"。

师：好，请坐。

生 16：声旁"方"与形旁"女"组成的是妨碍的"妨"。

师：对不对？

（生部分点头）

师：妨碍的"妨"。好，第二组×××。

生 17：声旁的"方"和形旁的"土"构成了"场"。

师：构成了"场"，（生大笑）这是什么？作坊的"坊"。我们看这八个字，有一个共同的规律，每一个字都是由形旁和声旁两个部分组成的。接下来请回答第二个问题，就是尽管每个字都是由形旁和声旁组成的，但是形旁和声旁排列的位置是多种多样的，你们说说看排列的位置有几种？

（出示：形左声右　形右声左　形上声下　形下声上　形外声内　形内声外）

生（多数）：六种。

师：有六种，好，××说。

生 18：第一种是形旁在左，声旁在右；第二种是形旁在右，声旁在左；第三种是形旁在上，声旁在下；第四种是形旁在下，声旁在上；第五种是形旁在内，声旁在外；第六种是形旁在外，声旁在内。

师：他说得不对？怎么不对呢？

生 19：他最后一个字读错了，声旁在内。

师：应该是这么说，对吧？

生（多数）：对。

师：记的时候要记规律，否则会杂乱，杂乱是永远记不住的。你们看这样是不是好记一点？这是什么？前面全是形，后面全是声，那就好记了，这是形旁在左声旁在右，它是左右、上下、外内或内外，好，这个我们知道了，因为都看得懂。现在我说一种，你们马上举一个例子来讲。形上声下，××。

生20：管，形上声下。

师：噢，讲书上的不行。是什么？

生21：芳草的"芳"。

师："芳"，对不对？是的，"雪"对不对？

生（多数）：不对。

师：不对，再来。形外声内，动脑筋。

生22：围墙的"围"。

师：围墙的"围"。

生23：闷。

师：哪个"闷"？

生23：就是气闷的"闷"。

师：对吧？声外形内。"闷"是什么声旁？

生（多数）："门"。

师："心"在里头表意，对不对？再来，形右声左，一个在右边一个在左边。

生24：杨，就是木字旁白杨树的"杨"。

师：对不对？白杨树的"杨"，刚才讲的对不对啊？

生（多数）：不对。

师：形左了，不是形右，看看，想不出来？一下子想不出来，"歌"对不对？

生（多数）：对。

师：另外就想不出来了？还没扭过来吧，比如，欺侮的"欺"，功劳的"功"，鼓励的"励"。

生25：调，言字偏旁的"调"，调解的"调"。

师：调解的"调"。

生（多数）：不对。

师：不对了。

生26：瓢泼大雨的"瓢"。

师：瓢泼大雨的"瓢"，对不对？

生27：揪。

师：哪个"揪"？

生27："扌"偏旁一个"秋"。

师："扌"偏旁一个"秋"对不对？不对！我们还不熟悉，请你们来辨别一下，我们检查一下看，到底辨不辨得出来？（出示：驶　晨　好　休　园　聋　再　明　彩　须　黑　闷）这里一共是12个字，第一步首先是把形声字找出来。现在请一个同学上来找，好，××，哪些是形声字请你在上面画出来。

（生28在"驶、晨、园、聋、彩、闷"旁边打"√"）

师：对不对？再看看，先判断哪些是形声字，对吗？

生（部分）：对。

（师逐一指"√"过的字，生逐一读）

师：好，现在请个同学来说一说，这六个字的形旁和声旁各是什么？

生29：这是——

师：不对，先把形旁和声旁说清楚。

生29：形旁是"马"，声旁是"史"。

师：形旁是"马"，声旁是"史"，大家看对不对？

生29：这是形旁在外,(学生议论：口)声旁是"元";(师指"彩")声旁是"采",形旁是"三撇";(师生笑了)(师指"晨")这个声旁是下面一个"辰",形旁是"日";(师指"聋")声旁是"龙",形旁是"耳";(师指"闷")声旁是"门",形旁是"心"。

师：请坐。对不对？这个(指"园")不是一个"口",(板书：口)这个弄错了,有两个字要注意,这是"围",古时候国家写法就是这样(指"囗"),不能读口,哪有这么大的"口"啊！(生笑了)(风趣地说)血盆大口啊,注意；还有说"采"是声,形旁是"三撇",不对(板书：彡),这个字读"shān","彡"康熙字典里面可以查得到,这"彡"是指什么意思？它是表形吗？这形旁就要怎么样？

生（部分）：表意。

师：要表意,就是指毛很长,所以你看"彡"因此不是读"三撇",不能自己去乱猜。接下来第三步。请你们讲一讲形旁和声旁位置的排列,到底是怎么排列的？现在我们请××讲,这个排列是怎样排列的？(指"驶")

生30：形左声右。

师：形在左边,声在右边,对不对？

生（多数）：对。

师：好。(指"园")

生30：形外声内。

师：形外声内。(指"彩")

生30：形右声左。

师：形右声左。(指"晨")

生30：形上声下。

师：对。(指"聋")

生（部分）：形下声上。

（师指"闷"）

生30：形内声外。

师：形内声外，对不对？基本上知道了形声字形旁和声旁的排列情况。它们怎么组成的，我们有所了解，接下来我们就说说，我们懂得这造字方法干什么？

生（议论）：记字。

师：为了我们认字认得多，读音读得准。如果我们碰到一个生疏的字，不认识这个字，请你们从声旁推测试试看，举一个例子。（板书：鳖）

（生有的读 biē，有的读 biè）

师：这个字读不准，到底怎么读？声旁是什么？

生（多数）：敝。

师：形旁？

生（多数）：鱼。

师：我们有的同学读不准这个字。你可以从声旁来推测，可以联想到本来读过的一些字，你们从这"鳖"字，也是上下结构的字，可以想到哪一些？说说看。

生31：憋，就是上面一个"敝"下面一个"心"。

师：（板书：憋）这是什么？憋着劲，还有吗？

生32："艹"字头隐蔽的"蔽"。

师：（板书：蔽）"艹"字头隐蔽的"蔽"，声旁到下面了。还有什么？

生33：下面是一个"廾"少一撇，就是作弊的"弊"。

师：弊病的"弊"（板书：弊），还有吧？

生34：还有下面是一个"足"，蹩脚的"蹩"。

师：蹩脚的"蹩"（板书：蹩），因此我们从这里可以看出——（学生举手）还有！

生35：还有就是一撇的"撇"，"扌"旁，旁边是"敝"。

师：一撇的"撇"（板书：撇），好，请坐。从这里我们可以看出来，从一个声字的旁可以推测字的基本读音。这些字也是形声字（指以上板书），是包含这么一个声旁（指"敝"）。因此我们碰到生疏的字时可以用声旁加以推测，这个声旁等于给我们一个信号，我们原来自己掌握的，从这样一个信号我们可以推测下去。但是，有的时候一个声旁有好几种读法，那怎么办呢？请你们看书上，声旁找到没有？

生36：有的字是"该"。

师：该。（板书：该）

生36：还有一个是"核"。

师：《核舟记》的"核"。（板书：核）

生36：它们的声旁都是"亥"。

师：都是"亥"，但是呢——

生36：上面是读"该"。

师：该。

生36：下面读"核"。

师：核，正音。

生36：g - āi → gāi。

师：（板书：gai）是这样的吗？

生36：对的，"该"。

师：第几声？

生36：第一声。

师：（板书：-）下面一个。

生36：h - é → hé。

师：第几声（板书：he）？

生36：第二声。

师：第二声。请大家看这个字怎么读？（板书：赅）

生36：赅，言简意赅。

师：言简意赅，用它（指"亥"）这个音。现在请同学们看，我们在用声旁推测的时候要注意，如果这个声旁只有一种读音的时候，比如我们刚才讲的，那么它比较简单，有的时候它声旁是表几种音的，刚才讲的是两种音。

（出示）

声旁　　可　　kē　　gě　　hē　　hé
　　　　　　　苛　　舸　　呵　　何
　　　　　　　轲　　　　　诃　　河
　　　　　　　柯

师：你们看这个"可"表了几种音？四种音。这个作为声旁的字读什么？（指"可"）

生（集体）：可。

师：这个是？（指"苛"）

生（齐）：苛。

师：苛，苛刻的"苛"。这个。（指"轲"）

生（集体）：轲，荆轲。

师：荆轲刺秦王的"轲"，孟轲的"轲"。这个？（指"柯"）

生（部分）：枝柯的"柯"。

师：枝柯，枝茎，还有就是斧头的柄叫"柯"，因此它是用这个读音的（指"kē"）。我们再看第二个。（指"舸"）

生（集体）：舸。

师：舸，对！这个是？（指"舟"）

生（部分）：船。

师：船，对了，用舟吧，百舸争流，指大船，我们再看第三个是？（指"呵"）

生(集体):呵。

师:呵,笑呵呵的"呵",一气呵成的"呵"。这个?(指"诃")

生(集体):诃。

师:契诃夫的"诃"。这个?(指"何")

师、生:何。

生(部分):为何。

师:为何。(指"河")江河的河,所以我们在用声旁推测的时候要注意,声旁有几种读音不能够搞错,一错,我们就推错了。声旁可以帮助我们认字,形旁呢?

生(部分):了解含义。

师:对。我们写别字时,多半是对字意不理解,不理解就写错了,我们把形旁弄清楚以后,就可以减少写错别字。现在请同学看在我们练习、作文里面经常会出现这样一类的字,(出示:梁 粱 壁 璧 樯 穑 枇杷 琵琶)我们看这个字的形旁是什么?(指"梁")

生(多数):木。

师:这个"梁"是指什么"梁"?

生(集体):房梁。

师:房梁、屋梁。(指"粱")

生(集体):米。

师:高粱庄稼。

生(部分):粮食。

师:对吧?是粮食。这个是——(指"壁")

生(多数):墙壁的"壁"。

师:下面形旁?

生(集体):土。

师:这个是——(指"璧")

生（集体）：玉。

师：玉，玉璧，和氏璧所以下面是"玉"。这个？（指"槁"）

生：（读法不一）gāo、gǎo。

师：槁（gǎo），形旁是——

生（部分）：木。

师：是什么？

生（部分）：农具。

师：农具？

生（部分）："钅"字旁。

师："钅"字旁是"镐"，也是形声字，这个字是什么？查字典。

生37："槁"是枯干的意思。

师：枯干的意思，因此是木字旁。这个呢？（指"稿"）

生37：就是"稿"，稿纸的"稿"。

师：稿纸的"稿"，注意这个（指"槁"）是枯干，草木枯了，所以是木字旁。下面——

生（部分）：枇杷。

师：枇杷，是植物，是一种果实。这个呢？

生（部分）：是琴。

师：是琴，上面呢？

生（个别）：一丝一丝的。

师：一丝一丝的琴弦，所以表意的形旁弄清楚，可以防止写错别字。因此我们说了解形声字的这种构造方法，可以帮助我们记字记得牢，这形旁是什么，声旁是什么，比多少笔画记起来怎么样？

生（多数）：容易。

师：容易，就是学一个字可以怎么样？

生（部分）：举一反三。

师：举一反三,对了。掌握一个字可拉一串拉一批。我们可以辨认,还可以推测,帮助我们理解,特别是我们将来学到化学,很多字都是"钅"字旁的,化学元素很多都是用形声字的方法来造字的,这样说来,是不是遇到声旁就可以推测? 遇到形旁就是一定都知道它的意思呢? 那倒不一定,我们书上有一句话非常重要。

生(部分)：古今语音变化了。

师：对了,古今语音变化了,因此这个声旁啊——

生(部分)：推不出。

师：对,推不出来,形旁本身的意义,比较笼统,有的已经跟它原来造字时没有多大关系了,所以就不能够认字识半边,过去讲秀才识字读半边,我们就不能这样读,我们有时候读别字,也是因为我们简单地推测。

(出示)

(声旁)	gōng	shé
	工	舌
	江	敌
	扛	辞
	杠	适
	空	乱
	控	刮

师：比如这个是"工"(指"工"一组),这是江、扛、杠、空、控,都不是读"工",对吧?"舌"(指"舌"一组),但是这里已经读——

生(集体)：敌、辞、适、乱、刮。

师：因此不能仅仅用这个声旁去推。这是"氵"点水(指"江"),就表示水,这个读"工","江"就读"工",那不是滑天下之大稽吗? 所以不能不动脑筋随便地去推。声旁是如此,形旁呢?

生（集体）：一样的。

师：对！也是一样的。

（出示）

（形旁） 风　　衣

　　　　颱　　褒

　　　　刮　　衷

师：比如这是两个形旁（指"风""衣"），风，这里颱风的"颱"本来是用它的形旁（指"风"）的，是指颱风，现在已经变成什么？（指"刮"）这是什么"刮"？

生（部分）：刀刮。

师：对，刀刮，跟它原来的意思已经不一样了。又比如这个"褒"和"衷"，本来都跟衣服有关，现在什么意思？"褒"是什么意思呢？

生（多数）：好。

师：赞美。这个呢（指"衷"），衷心、由衷，因此跟"衣"已经怎么样？

生（多数）：没有关系。

师：毫无关系了。因此，对形声字，我们既要看到它的功用，也要看到它的什么？

生（部分）：局限性。

师：为什么会有局限性？因为古今语音的变化很大，还有就是有的形旁已经不能够表意了，所以我们用的时候要掌握它的规律，不可以乱用。下面是我们经常容易读错的，而且我们听别人讲话的时候也经常讲错的（生笑）。（出示：赤裸裸　酗酒　枢纽　歼灭）"赤"什么？

生（读法不一）：赤 luǒ luǒ，赤 guǒ guǒ。

师：这里就不能根据"果"去推，赤 guǒ guǒ。（生笑）应该怎么读？

生（多数）：赤裸裸（luǒ luǒ）。

师：赤裸裸。这个（指"酗酒"）我们经常听人说这个人"xiōng"酒，是"xiōng"吗？有的就读"xiōng"了，查字典。

生38：酗酒。

师：x－ù→xù，酗酒，对吧，这是喝酒过分，酗酒。好，这个我们经常读错的（指"枢纽"），读什么？枢纽不是"qū"纽。这个（指"歼灭"）有人读"qiān"灭，对吧，"qiān"灭，不是歼，所以这个字怎样才能读准呢？

生（多数）：查字典。

师：勤查字典，勤问老师，问老师是从老师语言当中去怎么样？去学活的，还有是不说话的老师——字典。好，现在我们做一个练习，一个是用形旁组词，"艹"头，看谁找得快，形旁可查字典，一分钟。（巡回）谁来讲？

生39：芋，芋艿的"芋"。

师：芋艿的"芋"。

生39：节日的"节"，芍药的"芍"。

师：共和国的"共"是吗？

生（部分）：不是的。

师：噢，"共"不是"艹"头。

生40：芝麻的"芝"。

生（议论）：芦苇、芙蓉。

师：芙蓉。

生41：苹果的"苹"。

师：苹果的"苹"。

生42：芫荽，芸。

师：芸。

生（议论）：芽，绿豆芽的"芽"。

师：绿豆芽的"芽"。

生42：芬芳，茉莉花的"茉莉"。

师：茉莉花的"茉莉"。

生43：蕰。

师：哪个"蕰"？

生43：就是蕰草的"蕰"。

师：知道吧？

生（多数）：知道。

师：知道的，我们现在都是查字典，下面不让查字典，你们自己组词，要写出来声旁是一个青草的"青"，青颜色的"青"，看谁组得快。

（生集体边想边写）

师：（巡回）八个，最多的是八个。

生44："氵"的"清"。

师："氵"的"清"。

生44：晴。

师：日字旁的"晴"。

生44：眼睛的"睛"。

师：眼睛的"睛"。

生44：范菁的"菁"。（举学生的名字）

师：范菁的"菁"，范菁的"菁"怎么写？"艹"字头——

生（多数）：青。

师：对！

生44：安静的静。

师：安静的静。

生44："亻"旁的"倩"。

师：对！"亻"旁的"倩"。

生44：靛、靖。

师：哪个"靖"？

生44:"立"字旁的"靖"。

师:噢,靖,平定的意思。还有?

生44:情。"忄"旁的"情"。

师:"讠"字旁的"请"漏掉了。好,还有补充吗?

生(议论):蜻蜓的"蜻"。

师:蜻蜓的"蜻","虫"字旁。

生45:还有一个就是一种化学物品,用"气"字头的。

师:"气"字头下面一个"青",氰化钾的"氰"。

生46:还有"禾"字偏旁青稞的"青"。

师:哪个旁?

生46:"禾"字偏旁。

师:对不对?有吗?

生(议论):没有这个字的。

师:有没有?查字典,"稞"字有"禾"字旁。(生查字典,师继续讲)还有吗?这边一个"青"(指左侧),这边一个见到的"见"(指右侧),有没有?

生(多数):有。

师:有的。(学生举手)噢,还有什么?

生47:还有鱼。

师:什么鱼?

生47:就是一条鱼的"鱼"旁边一个"青"。

师:鲭鱼对吧?对。有没有?我们速度还不是怎么快。

生(议论):没有。

师:还有"艹"头的"青",宝贝的"贝"字旁一个"青",还有一个"口"里头的"青"。

生(多数):对!

师：噢,对对,我们还有一些字不认识,要勤查字典,原来刚刚写的时候有同学说我只有三个字,再多写不出来,现在已讲了十几个了,所以要扩大自己认字的范围,最后请你们把这里的别字捉一捉。看谁捉得快。

(出示)

1. 这间教室真宽敞。
2. 鹅毛般的大雪粉粉扬扬地从半空中降落下来。
3. 春汛涨水的波涛声高起来了,度口停止了摆度。
4. 锻期组织旅游,同学们高兴得手舞足蹈。

(生议论纷纷,学生举手,师示意学生讲)

生48：第一句宽敞的"敞"写错了。

师：左边应该是什么的?

生(议论)：口、尚。

师："尚"什么意思,"尚"?

生(议论)：宽、大。

师：大。

生(议论)：亮。

师：亮,错误(指"敞")。第二个?

生(议论)：纷纷扬扬。

师：(指"纷")偏旁是什么?

生："纟"字偏旁。

师：纷纷扬扬是什么意思? 是形容什么?

生(议论)：多。

师：多、杂。这变什么字了(指"粉")?

生(议论)：粉。

师：粉,面粉。第三?

生（议论）：渡。

师：这个应该加什么？

生（多数）："氵"。

师："摆度"对吗？渡船的地方，这个——（指"摆度"）

生（多数）：不对。

（师指第四句）

生（议论）：假若的"假"。

师：假期的"假"，这里是什么？

生（议论）：锻。

师：这个字啊，"假"，"亻"字旁一个"叚"（板书：假），这个是锻炼的"锻"，这个声旁是什么？

生（议论）：段。

师：锻（板书：锻），这锻炼、锤炼，所以这两个字要分清楚，"假"和"锻"。好，总起来说，这节课关于形声字的知识短文，我们学了这么几个问题：第一，汉字的构造方法，书上介绍的——

生（议论）：三种。

师：我们讲了六种叫什么？

生（集体）：六书。

师：为什么形声字要单独作为知识短文的标题呢？因为在现代语中占多少？

生（集体）：90％以上。

师：90％以上，形声字是由什么组成的？

生（集体）：声旁、形旁。

师：排列的位置？

生（议论）：上下、左右、内外。（有的讲"前后"）

师：内外，怎么有个"前后"出来了？（师、生笑）上下、左右、内外六种排列。第三个问题,形声字的作用,作用可以怎么样?

生(部分):认字,了解字意。

师:了解字意,推测读音。

生(部分):防止写别字。

师:防止写别字,但是它有——

生(多数):局限性。

师:局限性。因此我们应该勤查——

生(集体):字典。

师:勤问老师!好,课后把书上的作业——思考和练习做一做,下一节课校对。

下课!

说话教学

"口头表达训练"课堂实录

执教：杨浦中学　于　漪
班级：初三(4)班

师：今天我们课外活动是进行第四轮的口头训练。这次口头训练的内容是：课外阅读情况交流和课外读物的介绍与推荐。我们先进行一下课外阅读交流。同学们课外阅读情况与过去相比有所进步，现在请你们向大家说一说，第一用简明的语言说明本月内自己课外阅读了多少书，因此要一个什么？

生(部分)：数字。

师：数字。主要的书名或篇名，不报流水账。第二，在说明以后讲一讲我这个月阅读有无进展。比如，我在阅读的速度方面、方法方面、理解方面等是不是有进展？如果没有的话，就实事求是讲，我还是和原来一样，就是这么两个内容，动脑筋。说的人要说清楚，让人家听得到，不要声音压在喉咙里，听的人要仔细认真。然后我们评论一下，大家口头表达情况如何。动脑筋马上组织语句，有哪些书在人家介绍的时候，你觉得不知道的，可以记一记。好，我们从后面讲到前面好不好。

生1：这个月我读的书有15本左右，主要分为三类，一是文艺性书籍,二是知识性书籍,三是科学性书籍。文艺性主要是一些杂志,就是《青年一代》《青年文摘》《台湾与海外文摘》等。

师:听到过吗,《台湾与海外文摘》?

生1:知识性书籍主要是一些课外辅导书籍,比如物理、化学,初中的物理、化学辅导书,科学性书籍,就是看了《飞碟探索》杂志。

师:《飞碟探索》杂志。你觉得有没有进展?跟以前比。

生1:比以前速度快了。

师:好,请坐。

生2:这个月我主要看的是杂志,比如《艺术世界》,还看了五六本学习参考书,如《初中数学复习参考资料》《初中英语学习指导》,还有艺术性的是《世界美术》,科学性的主要是《科学画报》和《兵器知识》。

师:女孩子还看《兵器知识》,很好的,对不对?我也看过了,是很好。

生2:我觉得现在看书速度比以前提高很多,而且看的方面也比较广泛了。

师:很好,你说。

生3:这个月主要看了杂志,比如《青年报刊文摘》和《青年一代》等。我觉得《青年报刊文摘》比较好,很适合我们这一代人看,它涉及的面很广,可以使我了解中国,还有世界。

师:有没有进展啊?在阅读方面。

生3:在阅读方面,看的速度比较快了。

师:速度都快了,好。

生4:我这个月来看了近十本书,看了小说《东方快车上的谋杀案》,是推理小说。

师:噢,推理小说。

生4:还有杂志《新创作》《青年文摘》,还有《苏联文艺》。

师：《苏联文艺》同学们知道吗？

生（部分）：看到过的。

师：看到过的，好，××呢？

生 5：这个月看了十本书，基本是娱乐性的。

师：娱乐性的。

生 5：《巨家的人们》《高中物理》《足球》《说明文精选》《中学文言文注释》《写作一百例》。

师：《写作一百例》，还有什么？

生 5：进展不大，主要像娱乐一样。

师：进展不大，主要像娱乐，好。

生 6：我在考试前看的都是参考书之类的，在考试以后，有杂志，也有武侠小说之类，现在有两本书还在看，一本是《宋词名篇赏析》，另外一本是《新评唐诗三百首》，这两本都是很好的书。

师：噢，很好的两册书。

生 7：这个月我看了二十多本书。（生发出惊叹声）

师：他是最喜欢看书的。

生 7：这主要分为几类，有辞书类的，也就是工具书之类的。

师：辞书类的，工具书类的，好的。

生 7：还有文学类的，还有就是化学、物理等，这个月是查了几本工具书，有《英华大词典》《辞海》《现代汉语词典》等；文艺性的看了《诗经选注》，还有是《唐宋词一百首》，还有那个什么——

师：他要从诗经、骚辞读起。

生 7：还有关于怀素的书。

师：怀素知道吗？怀素，不知道。

生 7：怀素是唐朝的一个书法家，写狂草的。

师：狂草知道吗？

生（部分）：噢，与张旭齐名的。

师：你介绍一下那个怀素，有的同学不知道，请你说。

生7：怀素是他的法名。

师：法名，怀就是——

生7：胸怀的怀，素就是朴素的素。

师：朴素的素，平素的素，好。

生7：我看的是综合性的杂志，《科学画报》《青年文摘》《报刊文摘》等。还有就是《从元素到基本粒子》，是讲化学的。

师：《从元素到基本粒子》。

生7：还有一篇有机化学的。

师：还有一篇有机化学的。

生7：我觉得这个月比起上个月读的书是面目全非。

师：面目全非了。（笑）

生7：因为五月份主要是迎考，主要精力都扑在功课上，也没读什么书，这个月时间很多，就读了很多书。

师：好的。

生8：这个月主要看了两类书，一类是杂志，还有一类就是小说之类的。

师：噢，小说一类。

生8：杂志有《青年一代》《青年文摘》等，小说主要看了四本，比如杰克·伦敦写的《马丁·伊登》。

师：记得《马丁·伊登》。

生8：还有《子夜》。

师：《子夜》的作者？

生（部分）：茅盾。

师：茅盾，讲得很好。

生8：还有《基督山伯爵》。

师：谁写的,《基督山伯爵》?

生（部分）：大仲马。

生8：这个月的时间过得很快,因为这四本小说都是大部头的。

师：对,长篇小说。

生8：特别是《基督山伯爵》是四卷本,看的速度快了,还有对作品的理解也深入了一点。

师：因为故事情节很曲折,很吸引人,这个大概也有助于加快阅读的速度。

生9：近来我看的书不多,大概十本不到,其中有几本我比较感兴趣的,包括一些有人类在海上遇难解决生存问题的书籍,如《自愿经受大海考验的人》。

师：这个知道吗？你说得慢一些。

生（部分）：是新出版的。

师：新出版的。

生9：我所读的这些书都是科学性的,还有目前地球人最为关心的外星人的一些事件,这本书收集了一些事实资料、目击资料,它叫作《外星人的足迹》。

师：《外星人的足迹》,这听到过吗？（生摇头）没有听到过。

生9：还有就是我们地球人对宇宙开发方面的《神奇的设想》。

师：《神奇的设想》。

生9：就这些。

师：×××说。

生10：我这个月看的主要是杂志,比较感兴趣的是《环球》,介绍了世界上各种各样的事情,还有《奥秘》,它是科学性的。

师：《奥秘》,应该知道的。

生10：还有文艺性的《萌芽》《青年文摘》《花城》，科学性的主要是《宇宙之谜》。

师：××。

生11：我比较喜欢看小说，这段时间我主要看了一些小说，其中一些是刘绍棠的乡土文学，《小荷才露尖尖角》就是向我们展示了运河旁人民的生活。

师：听清楚了没有？说话不要牙齿咬得太紧，《小荷才露尖尖角》。

生11：还有就是描写中国式的城市教育事业的《寻找回来的事迹》。

师：《寻找回来的事迹》，还有——

生9：对不起，我刚才还漏了一点。阅读这组书，我觉得我比以往——（生笑）

师：对的，你说。

生9：我比以往兴趣更加浓郁了，这方面的书是很符合我的胃口的，所以我读起来很带劲，往往手不释卷。

师：手不释卷，饭也不要吃。

生9：有这情况。（师生笑）

师：很好，还有什么？

生11：我看书是在强迫我自己看得慢一些，因为书看得太快，文章的意思就不能够理解了，看慢一点就能体会到作者写这本书的意图。

师：前面都是讲看的速度快了，尽量强迫自己看得慢一点，有没有道理？（生点头）

生12：这个月我看的书主要是三类，第一类是小说，第二类是参考书，第三类是我最喜欢看的杂志。在一个月里我看了文艺、体育、经济、教育、科技、生活等各方面的二三十种杂志，我认为杂志这里面的——

师：所以他能够海阔天空，一下课就是他的喉咙响。（师生笑）

生12：杂志是比较好的，里面的知识比较新鲜。我要向大家介绍一本《漫话美国青年》，是美籍华人赵浩生写的，他使我们比较全面了解当代美国青年，这是从一个美国青年的角度观察当今美国社会。（出示给同学看）

师：举得高一些，同学们看不见。

生12：在阅读方面，感觉到自己阅读兴趣比较浓厚，看的书涉及比较广泛。

师：好，你说。

生13：这个月我看的书可分两类，一类是杂志，还有一类是小说，杂志就看几本，比如《世界博览》《青年一代》《体育之春》。

师：《世界博览》《青年一代》《体育之春》。

生13：小说看了几本名著，像《续侠隐记》。

师：《续侠隐记》是什么？知道不知道？

生13：大仲马的名著《达特安三部曲》的第二部，第一部是《三个火枪手》。

师：《三个火枪手》的第二部知道吗？（生摇头）不知道。

生14：这个月我看了两本小说，还有两本诗集，另外是一些杂志。两本小说，一本是歌德的《少年维特之烦恼》，还有一本是泰戈尔的《饥饿的石头》，诗集一本是勃朗宁夫人十四行抒情诗集。

师：十四行诗知道吗？（板书：十四行诗）

生14：杂志主要是《世界博览》。

师：主要看的是什么？

生（部分）：诗。

师：诗，外国的诗。

生14：杂志是《世界博览》和《小说月报》，我本来是不大喜欢外国人写的书的，这个月我大部分看的都是外国人写的。

师：你为什么要培养这方面的兴趣呢？本来不喜欢看的。

生14：一开始是借了《饥饿的石头》，觉得很好看（师生笑），就继续借。

师：再借。好，你继续说吧。

生14：还看了日本井上靖写的《敦煌》，还看了——

师：井上靖。

生14：还看了两本外国历史书，一本是《美国独立战争》，还有一本是《雨果》，还看了《古文诗选》和《唐诗一百首》。

师：好，××说。

生15：我最近看的书涉及面不是很广，但是这个月我重看了一些关于自身成长的书，比如关于修养方面的书。这个月还看了一本书，我觉得很好，就是1983年全国短篇小说佳作集，尤其彭见明的那篇《那山　那人　那狗》给我很大的启发。这个月读书的速度没有什么提高，区别是过去看文艺作品看了就忘了，现在是看了以后有时自己回味回味，就会有新的发现。

师：很好。

生16：这个月看的主要是小说，有美国作家写的《三部曲》，还有西奥多·德莱塞写的《天才》。

师：知道《天才》？

生16：还有《大屠杀》，还有笛福写的《鲁滨孙漂流记》。

师：《鲁滨孙漂流记》。

生16：还看了介绍中国的《古代名将传》。

师：《古代名将传》，××书也读得比较多。

生16：这个月我读书比以往仔细了，我发现笛福写的《鲁滨孙漂流记》对人物内心的刻画非常仔细。

师：××说。

生17：这个月我就看了一本书。(师生笑)

师：好,实事求是。

生17：就是一本《傅雷家书》,这是因为这一个月内所能看书的时间并不多,这本书确实好,每字每句都应该落实。(师生笑)要能够体会出它的含义。还有一点,我们欣赏的口味并不同,我对书并不求量的多,而是质的好。像小说什么的,与其说看小说,还不如说看小说梗概。(师生笑)另外这些杂志并不耐看,因为它们仅仅是娱乐性的(生议论纷纷,表示反对)。尽管看书的速度下降了,看书的量也少了,但是我认为看了这本书,已经使我能够对人生观方面有重新的认识。

师：好,等一下请你介绍介绍对杂志的看法,刚才有同学有些不同意见,等会儿我们再说。好,××说。

生18：确实,看杂志像××(指生17)同学说的是娱乐性的,但是它也能够开阔一个人的视野。这个月我读的书并不多,一共才看了三本,一本是《世界博览》,一本是《世界知识画报》,还有一本就是和我们学习有关的《初中物理复习资料》。有名人曾说,读书应该以快为好,也有名人说读书应该以慢为好,这一次我是以慢为主,以前我看的速度是很快的,一目十行。

师：一目十行。

生18：这一次我是认认真真去看了,而且看的速度很慢,一个月才看了两本杂志,但是从这两本杂志里我看到了一个没有看到过的新的世界,待会儿我向大家介绍我看《世界博览》的体会。

师：好,××说。

生19：这个月我看的主要是杂志、散文、小说,还有一本是《普希金诗选》,小说是《朝花夕拾》,还有《茶花女》。

师：《朝花夕拾》是什么?

生(部分)：散文集。

师：散文集。

生19：杂志就是《青年一代》，还有《旅伴》《萌芽》。

师：好，××你说。

生20：这个月我只看了一套四部的书叫《静静的顿河》。

师：知道《静静的顿河》的作者吗？

生（部分）：肖洛霍夫。

生20：肖洛霍夫。看了这本书以后，对苏联当时的历史，苏联十月革命以后的历史有了许多了解，而且有一个新的文学理论，马上就要介绍的。

师：马上要介绍的，好，××。

生21：这个月我看的书比较多，其中大部分是杂志，是科技方面的，陆、海、空都有。

师（笑）：陆、海、空都有。

生21：陆地大多是科技知识，关于海上的，有《航船知识》，还有是关于飞机的，有《航空知识》《国际航空》，还有是工具书《成语词典》，还有一本《中国象棋大全》。

师：他是棋迷。

生22：这个月我看的书分为两大类，一类是杂志，另一类是小说。小说方面有《1984年中篇小说选》，还有《外国短篇小说》，还有名人轶事类；杂志方面就是《青年一代》，还有《体育博览》《读者文摘》《环球》等，这个月我感到阅读能力方面好像进展不大。

师：进展不大。

（师示意另一学生讲）

生23：考试后这段时间我主要看的是消遣性小说，比如看了四本武侠小说。还有一本中篇小说是克里斯蒂写的，我是比较喜欢看克里斯蒂的小说。

师：知道吗？哪一国的？

生(部分)：英国最畅销的女作家。

师：最畅销的女作家？

（生多数大笑）

师：是她的书最畅销，还有吗？

生23：还有就是杂志，我看的这些书对有些同学来说是不屑一顾的，所以我觉得没有什么必要作介绍。

师：好，刚才我们交流了一下情况，请你们评论一下，主要评论口头表达的情况，其他的内容再讲，怎么样？可以综合评论，也可说某个人，好，×××说。你听下来都很好吗？你说，（生摇头说不出）大家都注意了什么？

生(部分)：内容。

师：有没有注意到口头表达的情况？

生24：我认为这次交流，大家都讲得非常流利，而且内容也充实了。

师：讲得流利，内容也充实了。有没有缺点？

生25：我觉得××同学（指生8）讲得比较流利，而且讲得比较清楚。

师：比较清楚，言下之意就有什么？有些同学不够清楚，是不是这个意思？还有两个毛病在好些同学身上都体现出来了，哪两个毛病？

生25：许多同学都没有说阅读情况。

师：忘了谈自己的阅读情况，漏掉了一点，还有什么？

生26：就是要求讲读了多少本书，有些同学讲了，后面就没有多少同学讲了。

师：这口头训练的要求一部分忘了，是不是？

生27：开始时是讲他们一共看了多少本书，接下来又说还看了多少本书。

师：请举例子，你说。

生27：我想还是不要举例子了。（生大笑）

师（笑）：不好意思？还有吧？

生28：我觉得这一次也可以算是口头表达训练吧。有的同学讲得非常有条理，把自己读过的书分门别类地先来个总括，然后再一本本向大家介绍，我觉得只是他们"还有"用得太多了。

师："还有"太多了，这个我们初步评了一下。刚才在介绍的时候，有几位同学认为自己读的书是很好的，那么请你们把刚才同学们介绍的书，再回味一下，我们可以发现几个问题。一个问题是我们的阅读面怎么样？

生（部分）：广。

师：阅读面广了。从跟我们学科有关系的参考书一直到科技读物，到中外名著，这些我们过去是读得比较少的。有很多同学讲，开始读外国小说外国名著的时候很吃力。从题材方面来讲，除了小说、散文、知识性的文章，还有什么？诗歌，阅读的面是比较广的，培根曾经讲过这样一句话，他说，"书籍是在时代波涛中的思想之船，它小心翼翼地把宝贵物品运送给一代又一代"。从我们刚才交流的情况看，同学们就可以互相启发，书籍本身就是思想之船，这里有很多宝贵的东西，我们青少年成长是离不开书籍的，莎士比亚讲过书籍是什么啊？全世界的——

生（部分）：营养品。

师：全世界的营养品。所以读书应该成为我们的一种嗜好，要成才一定要花时间读书，挤时间读书。从刚才讲的情况来看，我觉得在选择书的方面有进展了，我记得有一轮大家讲的时候讲了许多武侠小说，今天就比较少，我并不是说武侠小说不可以看，但是这个绝非文学的佳品，偶尔翻一翻了解了解是可以的，这一次我们读的就比较少；我还记得有一轮介绍最多的是推理小说，还有就是福尔摩斯破案，对吧？书是可以广泛看一看，你不了解也有局限，但是它有一个精读的问题，过多的精力放在那上面不行。我们为什么要读书呢？就是要从各方面吸收知识，从各方面吸取营养，读一本好书就好像是和高尚的人说话，因此读书还有一个慎加选择的问题。当然我也不完全同意××同学讲的，杂志都没什么好看的。杂志还是有很好的价值的，看杂志要会选择，不一定从头看到尾，广泛地看一看就能开阔视野。我觉得今天有进步，我们有的同学不仅思考到速度，而且感觉到要读得慢一点，慢一点的目的是深入理解，所以精读和博览应该结合起来，既要深入又要开阔。所以从阅读的面来讲，从阅读的方法来讲，我们是有所进步的。

刚才有同学讲，他们读的几本书非常精彩，现在就请他们介绍，介绍以后大家评论。介绍的方法你们自己创造，你们认为怎样介绍可以吸引听者，可以把同学的吸引力抓住，你们就怎样介绍。介绍的时候总希望介绍片段，因为时间有限，如果讲得长，那么介绍的东西就少了，在听的时候我们可以适当地做记录，作为评论的依据，刚才××讲他书虽读得少，但是他对书好像理解得比较深。现在就请××先介绍。

生29：等会儿。

师：没关系，你先介绍，你对着大家也可以，到讲台上讲也可以。

生29：我记得有一位大学刚毕业踏上工作岗位的女青年，在一次与其老师的交谈中，说了这么一句话："老师，你教给了我知识，你没有教我生活。"是的，生活是严峻的，我们存在于一个既定的社会，我们只有从不同角度方面去感受、了解它，才能正视这个社会。对社会的认识理想化，只会让你感到失望和迷茫，但是对社会绝对地失望，也只能够导致你自身被吞噬。我们这些学生社会阅历较浅，我们也不可能通过各种社会实践使自己对社会有根本上的认识，这就决定着我们所能采用的最有效、最直接的办法就是求教于书籍。

这里有一本书，叫作《傅雷家书》，它能很好地帮助我们认识社会，生存于社会中。作者是我国已故著名的翻译家、文艺评论家傅雷。傅雷的艺术造诣深厚，涉猎古今中外的文学、绘画、音乐等各个领域。在他蒙受"风尘"之际，写给儿子的书信，如今已经汇编成这本《傅雷家书》，实在是一桩快事，它告诉我们，一个纯洁、正直、真诚、高尚的灵魂，尽管有时会遭受到意想不到的磨难、污辱、迫害，陷入绝境，而最后真实的光不能永远被湮灭，还是要为大家所认识，它的光焰照彻人间，得到尊敬和爱。傅雷以充满感情的笔触写下的这本书，也是对我们的教诲。人的生命是有限的，而人的精神是永远无止境的，傅雷在对儿女的教诲中延续自己的生命，也延续与发展一个人为祖国、为社会、为人类所能尽的力量。这本书实在是很好的营养品，是高度概括了傅雷自己对生活认识的结晶，它可以使身在异国他乡的有志之士觉得父母就在他身边，时时给他指导、鼓励与鞭策，使自己有勇气和力量去战胜各式各样的魔障与阻力，踏上自己成长的道路。这里我读几段书中的话，傅雷对人生的见解，他说："人一辈子都在高潮—低潮中浮沉，唯有庸碌的人，生活才如死水；或者要有极高的修养，方能廓然无累，真正的解脱。只要高潮不过分使你紧张，低潮不过分使你颓废，就好了。太阳太强烈，会把五谷晒焦；雨水太猛，也会淹死庄稼。我们只求心理相对平衡，不至于受伤而已。"他对青年人也有真灼的评论："现代青年头脑太单纯，说他纯洁固然不错，无奈遇到现实，纯洁没法作为斗争的武器，倒反因天真幼稚而多走不必要的弯路。玩世不恭、愤世嫉俗的态度当然为我们所排斥，但不懂得什么叫愤世嫉俗也反映入世太浅，眼睛只会朝一个方向看。周总理最近批评我们的教育，使青年只看见现实世界中没有的理想人物，将来到社会上去一定感到失望与苦闷。胸襟眼界狭小的人，即使老辈告诉他许多旧社会的风俗人情，也几乎会骇而却走。他们既不懂得人是从历史上发展出来的，经过几千年上万年的演变过程才有今日的所谓文明人，所谓社会主义制度下的人，也免不了管中窥豹之弊。这种人倘使学文学艺术，要求体会比较复杂的感情，光暗交错、善恶并列的现实人生，就难之又难了。要他们从理论到实践，从抽象到具体，样样结合起来，也极不容易。但若不能在理论—实践，实践—理论，具体—抽象，抽象—具体中不断来回，任何学问都难以入门。"除此之外，他对真理的态度有这么一段："坚持真理的时候必须注意讲话的方式、态度、语气、声调。要做到越有理由，态度越缓和，声音越柔和。坚持真理原是一件艰巨的斗争，也是教育工作，需要好的方法、方式、手段，还有是耐性。万万不能动火，令人误会。"

《傅雷家书》中的一段段话可以成为情文并茂的小论文，其中包含着许多很好的句子，可以说是教益非凡。如"人越有名，不骄傲别人也会有骄傲之感，这也是常情；故我们自己更要谦和有礼！""人生做错了一件事，良心就永久不得安宁！""有些罪过只能补赎，不能洗刷！"

傅雷的离世是文学界的一大损失，但能够完全体现其精华本质的这本《傅雷家书》，却是他的现实体现。它包含着无比能量，感化我们，启迪、教育我们。它有强大的冲击力，有温情，有慈爱，有严厉，更有人性，使得我们能在任何时候都保持着清醒、敏锐的头脑，像大海中的风帆乘风破浪，矢志不渝地驶向既定的目标。

师：因此你向大家推荐。好，你来说，记得对刚才的综合评论。

生30：刚才他说得很深奥。我想给大家介绍的是《智慧的较量》，就是刚才我给大家推荐的《世界博览》中的《智慧的较量》，我比较喜欢这篇文章。它介绍了美国加利福尼亚工学院的一个有趣的事。是说进宿舍的事，毕业班的学生要出宿舍，但是新生要入宿舍，怎么办呢？他们之间展开了一场智慧的较量。先是毕业班出去了，他们想方设法立了一系列阻碍，当然不是像我们所想象的那样有高山有峻岭，他们编制了一套套的程序，设置各种各样的阻碍，都是和智慧有关的；新生呢，他们千方百计地要进入这个毕业生的宿舍，他们怎么进入呢？有一件有趣的事,有一次,因为他们进不去,他们就用阅览室的起重机把房顶撬开,然后一起跳进去了,但是后果是不堪设想的,他们得重新修复这座房子,否则这毕业班学生就会大发雷霆的。除此之外,我觉得杂志最后的漫画也挺好看。刚才有人问我借了,他们觉得这个也是很好看的(翻了漫画部分出示给大家看,生笑),就像这个我们熟悉的喜剧演员卓别林,粗看、远看看不见吧?

师:拿给大家看,你边走边说,不要老自己看啊。

生30:就是这个(手指着第一幅漫画),远看是看不见的,但是近看,从他的眼睛、他的帽子和他那像裤子又像褂子的那个服装可以看出,确实是令人捧腹不已的;接着我想再给大家介绍一位物理学家爱因斯坦,我们都熟悉的,特别明显的是我看了他的脑袋,你看——(手指给学生看)

生(部分):鼻子。

生30:对,他的鼻子也不错(生大笑,课堂气氛活跃),鼻子特别肥大,但是从这漫画中我们可以看到他的眼睛在闪着光。

师:什么光?

生30:智慧的光。我再向大家介绍一位美国的拳王阿里,他是一个重量级的世界冠军,他的嘴,他的脸,他的鼻子都是由三角形肌肉组成的(生大笑),他的整个脸型可以说是几何体的完美的构造。

师:是几何图形的。

生30:还有这位美国总统里根,在公共场合他可是风度翩翩,不是这样的,可是漫画家却把他画得丑了,但从这个丑中,我们仿佛可以看到他脑子里好像在想着那星球大战。这个美国前总统尼克松,尼克松就是——

生(部分):大鼻子。

生30:也许你们会被他的鼻子所吸引,上面还插着一面美国国旗,这面美国国旗就象征着他是美国总统。好，我就介绍到这儿，希望大家喜欢这本书。

生：（纷纷抢着看）借给我看看，借给我看看。

师：再下面，你到前面来讲。

（生 31 带书与本子上讲台）

生：（议论）大学生。

师：这个很好，这是读书的笔记，简明扼要介绍，只要片段。

生 31：（出示书）我今天给大家介绍的书是《静静的顿河》。大家都读过《钢铁是怎样炼成的》这本书吧？你们肯定还记得书中那个为革命献身的战士保尔·柯察金，可我今天要向你们介绍的书中，没有像保尔那样为革命英勇献身的主人公，只有一个"英勇"的哥萨克，这部小说就是《静静的顿河》。

《静静的顿河》的作者是苏联现代作家肖洛霍夫。肖洛霍夫 1905 年生于顿河地区的维申斯卡亚镇，十五岁起就参加了顿河苏维埃政权的粮食征购队，以后当过教师，演过戏，参加过剿匪斗争，他的这一切经历为他以后的创作积累了材料。战争结束后，在莫斯科他用了 14 年时间写成了这部小说。

《静静的顿河》共分四部，以第一次世界大战爆发前后到苏联国内战争结束这段时期为历史背景，描写了主人公葛利高里·麦列霍夫——一个出生于中农家庭，青年时代参加过帝国主义战争，以后又在革命与反革命之间摇摆不定，最后自取灭亡的人物——的种种经历；描写了哥萨克的劳动生活、家庭生活，青年哥萨克的恋爱以及各阶层的文化和矛盾；叙述了哥萨克的军营生活和哥萨克官兵之间的矛盾，共产党在哥萨克地区和军队中的生活和影响，以及党怎样领导人民走向胜利，并展示了顿河哥萨克地区的社会风貌。1965 年，作者因这部小说获得诺贝尔文学奖。

为什么这本书有如此高的价值呢？首先，这部小说有它典型的社会意义，形象地表明任何人一旦脱离人民群众，必然要覆灭。

其次，这部小说画面广阔，不仅有战火纷飞硝烟弥漫的战争场面，也有清新的大自然的美景，如："温暖的南风已经刮了两昼夜。田野上的最后的雪已经消逝了。冒着泡沫的、春天的小水沟都淙淙响着流过去了，草原上的洼地和河沟都涨满了水。第三天的早晨，风势渐渐地平静下去，浓雾笼罩住了草原，湿润的、去年的羽茅草丛闪着银光，古代的守卫堡垒、山沟、市镇、钟楼的尖顶和高耸入云的金字塔形的杨树顶，都被笼罩在一片白茫茫的、伸手不见五指的雾气中了。蔚蓝色的春天来到广阔的顿河草原上。"作品情节生动，结构紧凑，语言清新，又有浓郁的生活气息："秋天来到的时候，池塘差不多要干了，捕捉鲤鱼并不是特别困难的事，潘苔莱·普罗珂菲耶维奇找了一会儿，在邻近的一个小湖旁边找到了一只没有底的篮子，回到池塘边，脱了裤子，冷得缩着脖子，哼哼着，捉起鱼来。他把水弄浑以后，踏在没膝盖深的烂泥里，顺着池塘往前蹚去，把篮子放进水去，使篮子边紧贴着池塘底，随后把一只手伸进篮子去，希望立刻有一条力量很大的鱼把水迸溅起来，发出哗啦哗啦的声音。他的努力奏了功效，他扣住了三条十斤重的鲤鱼。"

再次，作者反映社会主义革命的伟大。它并不是采用平铺直叙的方法，而是用侧面的烘托。如"'预备！来一支《上帝，保佑沙皇》'，这些乐师都沉默地你看看我，我看看你。谁也没开始吹奏，焦急的沉默持续了一会儿，后来有一个光着脚，但是裹腿打得整齐的红军，朝地上望着，说：'我们谁也不会吹奏旧国歌。'……在花园上空飘荡的钟声沉默了一会儿，大尉拧了拧眉毛，悄悄地问道：'我希望，你们吹一次《国际歌》好不好？来吧！既然是我的命令，你们就吹吧。'在一片寂静当中，在中午的暑热当中，就像是在号召进行战斗似的，吹奏出来的《国际歌》的愤怒的声调忽然和谐地和庄严地响起来了。大尉低着脑袋，叉开腿站着，就像公牛遇到了障碍物似的,他站在那里静听着。他的青筋迸起的脖子和眯缝起的眼睛的发蓝的白眼珠子上都涌上血来,'停——止!……'他忍耐不住了,激怒地吼叫道。"

最后,是因为这部小说有争论价值,因为在小说中,作者对主人公的最后遭遇是抱有同情之心的,因此被有些文艺家认为是小说的错误,但作者这样也是符合人之常情的,所以它是有争论的。不管怎么说,《静静的顿河》的确是一部不朽的小说,是一部世界的名著,希望同学们去阅读一下,因为它能使你长知识,长能力。

师: 好,你说。

生32: 刚才××同学已经讲过了,说我们对生活了解得不够深刻,阅历不是最深,了解的范围不是最广。我给大家介绍一部中篇小说,《那山 那人 那狗》。也许我们对于边远地区那些乡间邮员的生活不熟悉。乡邮员就是在山间送信的人,书信是我们平时交流信息的一个主要途径,我们也知道在城市送信是很方便的,但是在边远山区就不容易了,因为他们要翻山越岭,靠自己的两条腿送信。这本书的作者是彭见明,青年作家,这篇小说没有扣人心弦的情节,不像惊险小说那样,但是它在一个非常简短的时间里面说了一个非常深刻的道理,就是作品反映乡邮员们处处为别人着想,勤勤恳恳工作,他们不是什么伟人,也许他们的名字不为人们所知道,但是他们的行为是叫人赞叹的。这篇短篇小说很大的特点,就是对话描写很少,都是通过人物的心理描写,通过主人公内心的独白来表示人物性格的,下面我就为大家朗读一个片段:

儿子有一双粗实的有茧的脚,有着庄稼人稳重的步伐。他从容地涉过小溪,把担子放在溪那面干净的草地上,又过溪来背老子——他不让父亲脱鞋袜。该是父亲结束下冷水的时候了。

狗不肯先过河。它历来是伴着老乡邮员过河的。它用它的身子吃力地抵挡着水流,极力在减缓急流对老人日渐消瘦的腿杆子的冲力。

老人没脱鞋袜,狗在一旁感到惊讶。

狗看着陌生汉子把邮包放好以后,又涉水过来。粗壮但冻得通红的双脚稳稳地踩在岸边浅水里,略曲着背,把双手朝后抄过来……

就这样,父亲弯着腿,双手搂着儿子的颈根,前胸、腹部紧贴着儿子的温热的厚实的背。儿子那粗大而有劲的双手则牢牢地托着老人的双膝。

狗高兴地"嗷嗷"叫着,游在水里的身子紧傍在儿子的脚上方,拼力抵挡着水流。

父亲有一瞬间的眩晕。他怀疑这不是现实。当他睁开眼,看见溪面在缩,水推着狗的"哗哗"声在变小——这显然是过河了,快靠岸了。而脚呢?确实是温暖的,没有半点历史留给的那种感觉。呵,竟然,对过去只留下了记忆。老人滴下了一滴眼泪。儿子的颈根一缩。儿子反过脑壳,嘟哝了句什么。

……在父亲的记忆里,他也背过一次独生儿子。

那一次,支局长命令他回家三天。嘿,可以和小儿子痛痛快快地玩三天哩,他女人生下二女一男。儿子出生他不在家,老婆反而寄来红蛋,把丈夫当外客了。

满周岁,特别隆重。本家四代都是独生男孩,一线单传,视男儿为宝贝,据说办了不少桌酒席,而他呢,带着狗,在深山里跋涉。回所后,留所的同事说:家里寄来红烧肉、高粱酒。于是,和同事、和狗,一道在山脚下,在绿色的门槛里享用儿子做生日的佳肴。

这回啊,可以认真地亲亲儿子。他买了鞭炮,买了灯笼,在山上挖了一只竹蔸给儿子做了一把打火炮的枪——儿子会玩这些了。

没搭车,车要等。于是,和黄狗抄近路,爬山越岭往平川里老家里赶。

这年过年,他让儿子骑在他背上玩了一整天。儿子想下来也不让。他要弥补作为父亲的不足——他是背过儿子一次,作为父子情谊,能记起的,仅止于此啊。

现在,儿子背着他。背着他已经苍老的身躯。这背腰,已经负过生活重荷的背腰像一堵牢固的屏障、像山、像密密的林子,保护着他。有一种安全、温馨的感觉。父亲惊奇地发现:他已经理解到了"享受"的含义。他正在享受像所有做父亲的得到的那种享受。

师:好了?

生32:嗯。

师:我们再请×××讲。

生33:最近我看了一本杂志是《青年文摘》,这本杂志非常适合我们青年读,里面有很多种内容,有"社会与人生""开拓者""智慧树"等,而我认为最有趣的是"科学纵横",它介绍了"外星动物",随着飞碟在地球上的多次出现,科学家就着手研究其他星球是否存在外星人、外星动物。

(生议论纷纷)

师:他说完了你们再发表意见。

生33:电视台在国际瞭望节目里曾经播出过外星人这一节目。科学家根据那些自称看见过外星人的人讲述,画了一些外星人的图片,但是这个节目里没有提到外星动物。最近英国动物学家约翰·麦克洛克林根据他本人丰富的动物学知识介绍了一些我们所不能想象的、稀奇百怪的动物,在这里我为大家朗读其中的片段,就是它的名字叫"钳齿四眼虎"。

(朗读)

在类地行星附近的"火星"上,已出现一种奇特的食肉兽——钳齿四眼虎。它的脸部有四只眼睛,成对地长在颌的上下,使之有双倍的视力。只不过眼睛上没有眼睑,像蛇眼一样。这种虎遇到猎物时,它的下颌便下垂,将钳齿伸出,像钳子似的把猎物抓住。

"火星"的引力较小,大气十分稀薄,不利于声音的传播。好在钳齿四眼虎有着灵敏的声波感应器和电磁波传感器。它的羽状触角既是电磁波发射器,又是接收器,能跟踪同类动物和猎物,发出各种无线电信息。这种羽状触角是由中心脊骨和三组肋骨组成的,能接收四面八方的信息,以便随时调整自己的行动。

钳齿四眼虎的卵形足,是由角质一样硬的物质组成的。这种怪虎在奔跑时,能用足钩住地面。它的足底还有许多乳头,能感知由于动物运动而引起的地面震动——这是生活在大气稀薄环境中的动物特有的听觉。

像地球上的老虎一样,钳齿四眼虎身上有许多条纹。这些条纹是紫色的,与周围的紫色植物色调相同。宇宙动物学家认为,钳齿四眼虎是一种行动敏捷的食肉兽。在追逐猎物时,每小时可奔跑64公里。它行动的方式与地球上的水蜘蛛差不多,是跳跃式、波浪形前进的。

钳齿四眼虎体高1.8公尺,是一种中等身材的食肉兽,常以一些与自己个子相似的或小一些的草食动物为食。

这篇文章还介绍了许多奇形怪状的动物,像"圆帆鱼""标枪龙""星际水母",都是非常有趣的。其中太阳系是否存在这些奇怪的动物,现在地球上人类还不能确定,但是我相信随着科学的日益发展,地球上的人们一定能够弄清楚这个有趣而深奥的问题。

师:好,由于时间关系,刚才有许多同学说了,自己读的读物很好,我们就不多介绍了。现在请同学们把刚才五位同学向大家介绍读物时候所组织的语言、内容思考一下，你们觉得这样来推荐读物、介绍读物，能不能引起别人要读这本书或这本杂志的兴趣，请你们从内容到表达形式全面地评一评，思考一下。

生34：嗯，在这几个同学里给我印象最深的还是××同学（指生30），不过，他讲的内容，没有引起我多大兴趣。

师：讲的内容大概不太了解，叫什么？智慧的较量。

生34：但是最后介绍那个封底上的人物漫画，倒是引起了我很大兴趣，想必同学们也有同感。我觉得他讲的时候语言比较幽默，也比较生动，适当地应用想象，但是又不是漫无边际，而且比较合理。

师："但是"太多了。

生34：想象得比较合理，也比较有分寸。

师：比较有分寸，好。

生34：后面那个同学介绍的《静静的顿河》，我觉得他准备是比较充分的，而且讲得也比较好，但是我觉得当中有自己的口头语，比如加上"嗯啊，嗯啊"。

师：×××听得很认真，他都有记录。

生34：我希望这个同学以后多加强朗读，他的朗读并不能感动我，在朗读方面，×××同学是朗读得很好的，他介绍的时候感情也很真挚，不过我觉得他和刚刚那个同学在朗读片段之前，最好对前后内容都有些介绍，使我们听的人更容易接受，可以和他——

生（部分）：引起共鸣。

生34：对，引起共鸣，我就讲到这里。

师：如果不对前后内容作些介绍的话，就会变成什么？四个字，空穴来风，没头——

生（多数）：没脑。

师：听起来很吃力，好，再评。

生35：这几位同学介绍自己比较喜欢的书给人家,我觉得××同学(指生29)介绍得比较好,他把《傅雷家书》当中的名言警句介绍给大家,增加我们的知识。后面两位同学读的地方,我觉得×××同学(指生32)读得太长了,还有××同学(生31)口头语太多了。

师：口头语太多,就这些？

（生35点头）

师：好,请坐。

生36：我觉得这几个同学讲的都是经过准备的,特别是像××(指生29)同学是经过充分准备的,讲得比较好,可以看出他对这本书有比较深刻的了解。但是由于他的表达不怎么清楚,就影响了效果。××同学(指生30)介绍《青年文摘》,《青年文摘》是比较好看的。

生（议论纠正）：是《世界博览》。

师：《世界博览》。

生36：噢,《世界博览》比较好看,但是他在介绍《智慧的较量》的时候,我认为他没有很好地读这篇文章。这篇文章其实是这样的,是那个加利福尼亚工学院的学生要应考,应考前神经非常紧张,为了放松一下,他们就想趁这个机会,考试前出去玩,然后把门锁上,并要低年级学生下午5点钟之前要把那个门开开。他说只是利用智慧其实不对的,把门锁上有三种方法,一种是设一道难的题目,一种就是编制程序,还有一种就是利用障碍,就是把许多钢筋水泥什么乱七八糟的东西都堆在门口,新生用吊车把房顶推掉,就是因为堆的东西太多了。因为他没有介绍,所以事情的来龙去脉就不清楚了。

师：没有介绍清楚。其他还有吗？

生36：××同学(指生30)在介绍漫画的时候,他用的语言是经过加工的,比较风趣,但是总有生硬之感。

师：总有生硬之感,举例说明。

生36：他说看了能使人捧腹不已,这句话听了使人有点肉麻。(生笑)看了使人觉得非常有趣就可以了。而且他介绍人物没有把主要的东西介绍出来。

师：×××。

生37：首先我对××同学(指生29)评价一下,就是他选的这篇书是很有意义的。

师：这篇书?

生37：噢,这本书是很有意义的,而且他所举的例子是有针对性的。他讲了傅雷对青年人的一些看法。另外,××同学对整本书概括的语句是比较精辟的。但是有一个不足之处,可能由于他上场神经过于紧张了(师生笑),语言方面欠缺一点。接下来一位就是××同学(指生30),他最突出的特点就是神态非常自然,边讲边走潇洒大方(生大笑)。但是我觉得有一点,既然是介绍书籍,应该把这本书总的内容作一下概括介绍,而他只着重于两个方面的内容,这好像不大好。××同学(指生31)一上场,我们大家就发现他准备的态度是非常认真的,而且对四本作品能够抓住它的特点,全面加以介绍,包括写作特点。在朗读方面,刚才有同学讲了我就不讲了,另外补充一点,他的朗读太平淡了,作为小说我觉得应该富于感情一点。如果像×××的文章,接近说明文,我想应该是平淡的,没必要加以感情什么的,至于小说这样读就不太好了。下面×××同学(指生32)我觉得他是五位同学当中最好的一位,首先他上场的神情是比较自然的。(师生笑)

师：你说。

生37：最精彩的是他的朗读。他选择的段落我觉得比较精彩,他读这一段,是准备极为充分的,把自己的感情融于其中,所以读来是非常的感人。但是×××同学的朗读和××同学(指生31)的朗读存在着一个共同问题,就是他们在朗读之前没有说一下之所以要选这段朗读的原因,尤其像××(指生31),这么长篇幅的文章,他选读这一段的原因何在?很难理解。×××同学(指生33)介绍的内容,较前面四位同学是比较特殊的,是别具一格的,有科学的特点。其他我就不讲了。

师:(学生举手)×××。

生38:我讲一下刚才我进行口头训练的自我感觉(师生笑)。我认为我刚才既有得又有失,"得"是说我自己非常高兴,开始那一段,我事先没有准备,就是把自己的感想讲出来;但是我又感到自己有一个很大的不足,就是最后一段,读完了以后没有任何的说明,我感到这一点我是不足的。

师:(学生举手)××。

生39:我想对自己刚才的口头训练来评一下。

师:自评了。

生39:刚才的发言谈不上充分的准备,我说过我是临时发挥,自己有得有失。得就是训练了自己的思维,失就是没有做到面面俱到,不能说很多方面,只顾了两方面,(笑)虎头蛇尾,不过我想对刚才×××同学的发言作个更正,刚才他看错了,我并不潇洒自如,很紧张。(师生笑)

师:内心是紧张的。

生39:我对×××同学的发言作一个更正。我是看过那本书的,那是毕业生的宿舍,新生要进入毕业生的宿舍,毕业生他们是决定到5点钟以后门就不许进去了,只有通过三个方式打开门。三个方式就是"笨拙式""智慧式"和"名誉式"。刚才我很紧张忘记介绍这三个方式了,其中发生了许多笑话,有的同学就是想把房子撬开。因此我的介绍过程中有个缺点,就是没有把这本书完整地介绍一下,只介绍了一个片面的,还有我想对××同学(指生29)的口头训练评述一下。

师:××你听好,他对你的口头训练进行评论。

生39：我觉得向大家介绍一本书必须要深入浅出，他刚才讲的道理很深奥，我并不能够完全弄懂他的道理，所以我觉得他的语言还应该通俗化一些。

师：语言还要通俗化一点。

生40：我是对××同学(指生39)刚才的自评。他的自评还要更正一下，美国的大学跟中国的大学是差不多的，他们四年级就是大学要毕业了，四年级学生也就是大学毕业生，他们的考试训练就是准备毕业论文。新生实际上开始的时候是好奇，想去看看四年级学生宿舍里面有什么东西，并不是想进去住。

师：好，请坐。

生41：刚才××同学讲××(指生29)讲得太深奥了，我有一种想法，他不需要把傅雷的人生观等，那么多的看法都讲出来，他可以择取里面的一个观点进行阐述，这样通过一个方面我们就可以看出这本书的优点。

师：你的意思就是说，介绍的内容应该集中一点，是不是这个意思？

(生41点头)

师：(学生举手)好，×××。

生42：再总结一下他们说的。××同学(指生29)介绍这本书主要是不够生动，听了半天，他到底为了说明什么，我还是听不明白。

师：你等一等，××在下面举手，他不服了，等他说完。

生42：××同学(指生30)介绍《世界博览》，我不明白他到底是介绍这种杂志，还是介绍这本书？他如果要介绍这本杂志，就应该把这《世界博览》的第几期说清楚，再把这本书完整地介绍一下。

师：这个意见跟刚才×××是一致的，就是说是介绍这本杂志，还是介绍这本杂志当中的一篇文章，是不是这个意思？

生42：是介绍这种杂志，这五类杂志。

师：这五类杂志。

生42：还有这本书,这一期。

师：这一期,应该说明介绍这一期。

生42：×× 同学(指生31)刚才大家已经评论了,他主要是朗读方面不是最好。××× 同学(指生32)他介绍这本书,总的来说还是可以的,朗读是比较有感情的,但是有字读得不怎么准确,不该翘舌的他读翘舌了。

师：能举例吗？

生42：比如：草地的"草"。

师：草地的"草"。

生42：粗糙的"粗"。

师：粗糙的"粗"。

生42：不翘舌读翘舌了。

师：粗糙的"粗",不翘舌读翘舌了,好。

生42：至于××× 同学(指生33)刚刚有同学说,读的好像没有感情。

师：平淡。

生42：我认为这种文章也应该读得有高有低,抑扬顿挫一点。

师：应该读得抑扬顿挫一点。

生42：他读起来没有句号,都是逗号,听起来没劲。

师：都是逗号(笑),听起来没劲。

生42：都并列的。

师：都是并列的,好。

生42：总的来说这次口头训练还是比较好的。

师：(学生举手)×××。

生43：他们刚刚说我是深奥一点,实际上是有必要这么做,因为这种理论性的话是很严谨的,另外,我自我感觉这样选出来并不是很重要的。

师:这样选出来?(纠正)你这样说出来。

生43:噢,我这样说出来,每句话之间只不过逻辑关系比较强一点,但是每一句话还是可以理解的。另外,你们这方面能力不强,所以觉得不怎么样。

生(部分):要谦虚一点。

师:(笑着讲)应该谦虚一点。

生43:但是作为一个中学生来说,这种文章应该看得懂的,并不是很深奥的,不能用自己的能力来估计别人的能力。

师:(学生举手)好,×××说。

生44:这本《傅雷家书》我也看过的,我认为它好是好,不过里面傅雷是有一种封建的什么,封建的意识,就是对儿子不是一种平等——

师:平等。

生44:平等对待,而是一种上级对下级的口气。

师:因此你对推荐这本书有看法。

生44:不过好是好的。

师:好是好的。(笑)

生44:写作的时间和我们现在有一段距离,他说的青年人是太单纯了,是纯洁的,现在的青年可不是这样。

师:这是评了自己不自觉。傅雷的年代有没有错?他经受了什么?

生(部分):不记得了。

师:不记得了,听的时候——(生举手,示意讲)

生45:反右派是1958年,不是"文化大革命"时。

生(部分):1957年。

师:时间弄错了。还有其他的补充吗?

生46：刚才说的对傅雷的见解有点片面,因为他书上有这么一句话,就是说:"孩子,我们现在已经成为朋友了。"这说明他们父子之间关系是平等的,这点他可能没有看到。第二点他说傅雷有一种封建意识,因为他是中国式的父子关系。

师：中国式的父子关系。

生46：这就是亲近。

师：亲近,行吗?

生46：噢,这是开诚布公的。另外他对生活的实质解释得非常透彻,就是把那好的坏的全部看出来了,让他的儿子自己去理解。

师：(学生举手)好。××说。

生47：虽然他前面说:"儿子,让我们现在成为一个朋友吧。"这是前面的。他写到后面,那种观念越来越强了,下意识的,是不自觉的。

师：不自觉的,下意识的,还有什么意见?

生48：前面关于××(指生43)的狂言,(师生笑)我有一点想法,毛泽东同志曾经说过,"空谈理论的人应该要伸出一个指头,要刮他的脸皮。"(生笑)我觉得他就是在空谈理论,没有事实根据。

师：就这两句话?

生48：光有理论没有实践,这种理论是不存在的,而光有实践没有理论,这种实践也是不存在的,就是这个。

师：好,看来我们对推荐的书本身是有争议的,这样好不好? 由于时间关系,我们不可能无限制地把这次口头训练的活动延长,是不是可以归纳这么几点:我们这次口头训练活动的第一个层次是人人讲,逐一介绍,我们评论过了,这是一个初步的。从介绍过程中我们认识到课外广泛阅读的重要,也逐步学会了用简明的有条理的语言说明一个事物,这是我们的进步,当然我们在运用语言方面还有不足的地方。接下来就进入了第二个层次,平时同学们经常跟我说这本书非常好看,那本书非常好看,因此这次口头训练活动第二个层次的内容,就是请一部分同学来谈谈他们是怎么读这些书的,由于时间有限不可能谈他的体会,因此我们就把重点放在推荐和介绍上。今天五个同学对自己所喜欢的书作了推荐和介绍,当然这个推荐和介绍里面也有不少问题,一个就是你推荐介绍的时候要不要抓住要领,这是很主要的,是关键性的,你向同学们推荐这本书,推荐一本杂志,应该抓住要点,在推荐的过程当中,有同学对××所作推荐介绍的评论是恰当的(指生30的评论),你可以介绍《世界博览》里的这篇文章《智慧的较量》,也可以介绍那个漫画,但你为什么要介绍没说明白,对不对?××的很大优点是语言流畅,词语比较丰富。我觉得同学们在运用语言的时候可以适当地吸收书面语言,这个我与×××有不同意见。口头语言往往我们听起来是大白话,因此不断地吸收一些恰当的书面语言,使得我们口头语言逐步规范化,用词比较丰富,这个是可以的,当然用的时候要注意不能够生硬,所以在表达方面××同学是比较强的。但是他主要的问题是推荐什么,这个问题没有解决。××同学(指生29)是一本正经地来推荐这本书,我觉得他推荐之前是经过思考的,语言也不啰唆,也能够抓住要领。因为他讲的时候说读了大半本,主要感觉到对人生的认识有进展,所以他在推荐的时候主要是讲了这两个问题,一个是讲傅雷告诫他的儿子关于青年一代的认识,一段关于处事的认识,不是处(chù)事,第二声,处事的哲学,最后讲了几句名言警句,主旨是很明确的。但是他在表达上确实有缺点,他的逻辑性非常强,没有什么废话,表达却很不流畅,因此就形成打电报式的,"答答答"停顿了,"答答答","答答答","答答答"(手势向下按,生笑),是不是这么一个情况?以后在这个方面要继续训练,语言的流畅与否不仅跟口头表达有关,跟什么也有关系?跟思维有关。思维很顺很流畅,思潮滚滚,表达起来就比较流畅。××同学的介绍,能够在一个月里把四部《静静的顿河》看下来是不容易的,而且他确实是做了笔记。我刚才问他拿的什么书,他在课外阅读的时候还查资料《文艺小百科》,因为读这种外国的文艺长篇小说,对当时的时代背景、创作意图、主要人物并不是很清楚,读的时候适当地借助工具书跟其他的评价文章,我觉得这很好,这是一种读书的方法,××用这种方法来读是很好的。那么×××(指生 32)呢,开始也讲得比较自然;至于×××(指生 33),他是讲了科学方面的。三个人有共同之处,都选择了朗读,其实是不是都需要朗读?朗读方法的运用要为什么服务?要为介绍和推荐服务,因此像《静静的顿河》这样一本大部头的著作,你要节选其中的一段是非常难的,没有前因跟后果同学听起来就没头没脑,再加上××同学读得不大有感染力,吸引力,因此采取这样的方法是失败的。×××(指生 33)的这个读,你们看有没有这个必要啊?

生(多数):没有。

师:他应该用什么方法更好?

生(部分):讲。

师:讲,他可以讲述,边讲边在黑板上怎么样?

生(部分):画画。

师:可以画画讲讲,要比读好。所以你别忘了你的目的是什么,你的目的是推荐和介绍,你采用怎样的手段要为你的这个目的服务。×××同学(指生 32)的这一段朗读可不可以呢?是可以的,因为这一段小说里写父子情深,抒情色彩非常浓,因此可以采用朗读的形式。但遗憾的就是在介绍之前缺乏故事梗概的说明,他写的是一个乡间邮递员,那山、那人、那狗,实际上是乡间邮递员全心全意为人民服务,人看起来平凡得很,可是寓意大于平凡,应该把故事梗概介绍一下。为什么后来儿子要背父亲呢?因为父亲走了几十年,老是要翻山涉水啊,到最后是关节疼痛,他走不了了,他要把这个事业让孩子来继承;儿子看到父亲几十年贡献自己的心血,包括自己的身体,因此后来儿子背父亲过这条河。父亲不放心，儿子刚刚做邮递员啊，他要指路。那条狗也是很有情的。如果开始的时候把这个故事梗概介绍一下，然后再选取其中十分精彩的段落读一读，最后再能够评析一下，我看这个推荐目的就达到了。

总的来说，从选材到表达上跟过去相比，我们已经是有进步了，特别是即席发言，即席发表评论，跟过去比那是大有进步。即席评论要反映自己听的能力，能不能抓住对方说话的要领，好的是什么，不足的是什么地方，要立刻组织语言把它表达出来，这个能力跟过去比那要强得多了。大家回顾一下第一轮口头训练的时候，同学们站起来评论，只会说态度大方，声音响亮，口齿清楚，四个字一顿，下面没有了，现在我们可以从内容到形式来进行评论。至于对《傅雷家书》这本书的评价，对傅雷这个人的评价，以及傅雷对傅聪的教育这个问题，恐怕还是比较深奥的。对傅雷这个人怎么看，傅聪学钢琴时四岁，是把他关在房子里的，严父在傅雷身上是体现得非常明显的；傅雷本身的人生的道路也是很值得研究的。至于说是封建的，还是不封建的，这个我们课后再讨论，《傅雷家书》，我觉得是一本很好的书，这里傅雷对人生有很多独到的认识。这个今天的课上就不讨论了，课后有兴趣可以再组织讨论，大家看好不好？今天我们课就到这里为止。

阅读教学

《驿路梨花》课堂实录

时间：1983年

执教：杨浦中学　于　漪

班级：初一（1）班

师：我要你们判断一下我猜的一件事情对不对？我估计你们在拿到第一册语文教科书的时候，最早看的文章大概是小说、记叙文、散文，其中有一篇记叙文我估计同学们都看过了，那就是《驿路梨花》，请同学们把书打开到第98页。

我猜得对不对？你们都看过了，有几个字你们在看的时候是不是读准了，真正认识它们？我写下来正正音。我们请一位同学上来注音，陡(dǒu)、寨(zhài)、陋(lòu)、篾(miè)。基本上都认识，我想请大家再注意一下，这篇记叙文最大的特点是什么？我们前面学了《人民的勤务员》，你们比较一下，这篇文章看了以后有什么印象？

生：我认为这篇文章的特点是多处设悬念，非常引人入胜。

生：我认为这篇文章的特点是清新曲折。

生：我认为这篇文章的特点是整个都是以情节倒叙的。

生：就是"倒叙"不要加"情节"。

生：我认为这篇文章非常的朴素，给人以亲切的感觉。

生： 我认为这篇文章的文字优美流畅。

生： 我认为这篇文章有诗情画意。

生： 用了对话描写。

生： 我认为这篇文章是开在散文花坛里的一朵鲜艳的花。

师： 它是记叙文，但是具有散文的特点。刚才有同学讲这篇文章设置了许多悬念，因此它是引人入胜的，我们就在这些特点当中取其一点来学习。"引人入胜"，请同学们讲讲这个"胜"是什么意思？

生： "胜"就是"优美的"。

师： "引人入胜"就是引入佳境的意思。"胜境"就是"佳境"。那么究竟怎样"引人入胜"呢？我们在理解这个特点之前先要弄清楚一个问题，这篇文章是围绕什么来开展故事情节的？

生： 我认为这篇文章是围绕小屋来开展的。

生： 我认为这篇文章是围绕小屋的主人来开展故事情节的，解放军。

生： 我认为这篇文章是围绕小屋的主人来开展故事情节的，作者一直想弄清小屋的主人到底是谁？

师： 再请思考第二个问题，有一句话是贯串全文的，故事的整个情节围绕这句话，它是贯串全文的线索，是哪一句话？

生： 这是什么人的房子呢？

师： 这个小屋子究竟在什么地方呢？它的主人又是谁呢？我们弄清楚这两个问题后，同学们把这篇文章分分段落，可以分成几部分？它既然是故事就应该有头有尾，分段之后概括一下主要讲的是什么内容，或者用小标题来说明。

生： 我按照时间把文章划分为两部分，第1～27段，就是第一天里作者和老于遇到的和发生的事情以及发生的情况，第28～37段，写第二天里他们所遇到的事情和小屋的主人。

师：还可以分得细一点吧？

生：分成四部分，第1～8段，讲了作者和老于在前不着村后不着店的时候看到一座小屋；第9～12段，他们进入小屋；第13～27段，他们跟瑶族老人的谈话；第28～37段，讲了这间房的主人是解放军叔叔。

师：还有不同意见吗？

生：我分三部分，第1～12段，我和老于在发现小屋前的情况；第13～27段，我和老于在小屋中看到和听到的情况；第28段到结尾，第二天修理了小屋，了解到小屋的主人是解放军。

生：第一部分是第1～8段，第二部分是第9～27段。

师：第8～12段到底是分在上一部分好还是下一部分好？为什么？

生：分在上一部分好，因为第8～12段也是在围绕猜测房子的主人。

生：这一部分写的都是深山投宿。

师：因此第一部分应该到第12段，深山投宿用两个字概括应该是什么？如果给时间的话应该是什么？

生：夜宿。

师：第13～27段是第二部分。把这篇文章按时间分成两大部分可以，但是从故事的发展来看，把故事的发展缘由、故事怎么发展的两部分放在一起，就更加清晰。第27段究竟放在哪里好，我们在学的时候再来解决。第三部分，第28段到最后。现在我们先来学第一个部分，第一部分分为好几个层次，请扣住"引人入胜"这个特点来分析如何写得引人入胜，什么段落有诗情画意，围绕这个小屋子来写，小屋子又是如何来写的，自己进行分析，畅所欲言。先请一位同学把第一部分读一读。读的时候注意字要读准，另外"引人入胜"的特点就应该读得引人入胜。她读，别人做记号，思考。

（学生读课文）

师：读得怎么样？都读对了吗？

生：读错两个字，同行(xíng)读作同行(háng)，少读了一个"声"字。

师：这里到底是同行(xíng)还是同行(háng)？用在这个地方应该是 xíng。同行(háng)是干一样的职业。还有一个字"撵"(niǎn)。刚才读得还不够引人入胜。你们分析一下，一下笔就很引人入胜，你们自己讲。

生：××同学认为"夜宿"这部分制造了很多悬念，所以引人入胜。

生：一开始就引入了一个宽广的背景，有身临其境的感觉，第1段——

（读课文）

生：是情节曲折而引人入胜，其中的诗意也非常引人入胜，这是发自作者肺腑的感叹，很有感染力，点出了故事发生的时间。

生：通过作者的感觉，使我们仿佛也身临其境。

生：这里的"迷茫"和作者的心情也是有联系的。

生：写好大的山，为后面埋下伏笔。

师：记叙文要交代事情发生的时间、地点、人物、环境，可是这篇文章的交代非比寻常，"山，好大的山啊！"以惊叹的语气开头，不是直接说故事发生在什么地方，一开始给人的感觉是"奇峰突起"。打个比方，就好比电影一样，一开始银幕上是一个特写镜头，山，然后再拉开，告诉你故事发生在山里，把山势写出来了，"消逝在迷茫的夜色中"点出了时间，这样就不平铺直叙了，一开始就渲染气氛，一下就把读者的目光吸引住了。交代了故事的时间地点，缘由是什么呢？就在行路人一筹莫展的时候，希望来到了眼前，哪一个词用得非常好？"突然"，把希望展现在眼前的时候写得很有层次，怎么来抓层次？一看梨花，二看人家。第6段刚才有两个同学提到有诗情画意，是写的怎样的景色？先读课文。

（朗读）

师：最后一句写得好，写的是什么景色？

生：写的是山间梨树林里的夜景，淡淡的月光，忽明忽暗。为什么会忽明忽暗呢？因为梨花开得很茂盛，也表明了作者心情很愉快。

师：这里非常有诗情画意，因为梨花茂密，月光有的可以透过，有的透不过所以忽明忽暗，写了边疆美丽的夜色，人在花中走，月伴人夜行。我们把第3～7段拿掉可不可以呢？为什么？

生：这是为后面的以花喻人做铺垫。

生：这样会显得很突然。

师：第一，有诗情画意；第二，不会显得很突然；第三，这篇文章叫《驿路梨花》，点题。接下来写小屋里外非比寻常，小屋的特点是什么？从外到内写得非常清楚，为什么写得如此清楚明白？

（朗读）

师：关于描写小屋的部分，请思考回答两个问题：第一，为什么作者要把山间小屋描写得如此清楚明白？第二，这个小屋非比寻常，请紧扣词句来说说这样的描写是怎样"引人入胜"的？

生：为了突出小屋的主人，为赞扬小屋的主人做铺垫。

生：这么简陋的小屋能给人以很大帮助，说明主人是很好的。

师：我们写文章，凡是和主题密切的材料要详写，一开始我们就讲了这篇记叙文是围绕小屋来写的，寻找的是小屋的主人，因此必须把小屋写得清楚明白，和主人的什么有关？

生：说明主人非常细心。

生：乐于助人的精神。

生：小屋的主人很热情周到。

生：通过小屋里里外外的描绘，我们可以看到未出现的主人的影子。

师：借物思人，再请推敲一下，引人入胜在什么地方？

生：通过写在门板上和墙上的字来表明对过路人的欢迎，小屋内的物品准备很充足，装满了水，厚厚的干草……

师：如果家里没人的话会写吗？一般没人是不写的，从准备的东西来看是充足的，正是因为主人的周到，所以行路人很快把身上的饥饿疲劳撵走了，躺在软软的干草铺上的时候，心里油然而生一种感激之情。关于小屋的主人，老于说：可能是一位守山护林的老人，为什么要用可能？猜测，主人究竟是谁呢？正在猜测的时候，说曹操，曹操就到，于是文章进入了第2段，情节往前发展了。来了一个怎样的人呢？作者是怎样勾勒他的形象呢？用"须眉花白"来说明老。

生：作者用白描的方法来说明是守山老人，简笔勾勒。

师：正在说的时候，门被推开了，"推"用得很好，好像听到了声音，先是推，再是站，手提肩扛，手提一杆明火枪，表明他的身份，肩上扛着一袋米做什么呢？这里写得引人入胜，这部分写了寻觅房子的主人，是不是瑶族老人呢？从第13段看，正当我们猜测是守山护林的老人的时候，门推开了，似乎他就是小屋的主人，这部分是怎么引人入胜的？

生："我们同时抓住老人的手"说明我们以为老人就是主人，但老人眼睛瞪得大大的，又使读者产生了疑问，然后老人说我不是主人，也是过路人，更给读者带来了疑惑，吸引我们看下去。

生：从我和老人的对话也能看出这里的曲折之处，我急切想知道主人是谁的心情，一个想知道，一个不晓得，这也让读者急切想知道主人是谁。粮食交给谁？挂在屋梁上，不仅没有点出主人，反而是挂在屋梁上，更产生悬念。

师：我们是不是可以这样来理解，当我们猜测小屋主人可能是一位守山老人的时候，老人出现了，好像是已经解谜了，因此会写"主人"回来了,是不是主人呢?不是,情节上陡生波澜。对话妙趣横生,尽管老人不是小屋主人,但从他话里引出了赶马人,又从赶马人口中引出了哈尼小姑娘。瑶族老人已经初解谜团,哈尼小姑娘帮助过路人。这段既风趣又感人,感人在何处?梨花会用为人民服务的精神来帮助过路人。细节描写,地方色彩很浓。感人在什么地方?过路人都是想到别人,都把助人为乐当作自己的责任。第27段是听后感,用什么手法来表现感动的?

生:用梦境来表达自己的感想。

师:如果只用感动之类的词,就不能感染别人了。为什么要用梦境来展现呢?

生:因为作者没见过哈尼小姑娘。

师:因为没见过哈尼小姑娘,所以这里通过自己的想象来描写。

生:用梦境来点题。

师:表现梦境的是哪个词?"恍惚",是指不真切,不清楚。

生:作者从三个角度来以花喻人:嗅觉、视觉、听觉。

师:为什么香气四溢,一个是梨花香,一个是人的精神香,给人以强烈的感染,再次用梦境点题。

(生朗读第三部分)

师:我和老于第二天没有立即上路,是因为也要为以后的过路人服务。修葺,注意。这时情节又往前发展了,是如何引人入胜的?一群哈尼小姑娘是怎么出现的?用了一个词"闪",很快,有速度,有亮度。

生:又有了曲折,又生波澜。房子的主人一再易人。

生:瑶族老人向小姑娘行大礼出乎意料。

生:处处不忘梨花。

师:向为人民服务的精神行礼,一个是非常严肃地说,一个是赶紧摇手,场景是很动人的。老人以为这些就是小梨花,结果她还不是梨花，是她的妹妹接过任务来照看小屋。到这个时候，谜底解开了，最后是谁来解开的呢？是梨花的妹妹。从上文看，围绕小屋讲得最多的是梨花，为什么要把梨花作为最主要的人？照料的人有梨花、梨花妹妹，还有许许多多的过路人。"小"代表什么？

生： 代表着未来，雷锋精神将代代相传。

师： 小孩都知道这样做，文章的最后一句是怎么来的？因此"驿路梨花"是一语双关。既写花又写人，以花喻人，这篇文章主题的社会意义清楚了吗？

（生最后朗读一遍）

师： 文章的最后是以花喻人，再次点题，人花辉映。前面有同学说是倒叙，是吗？如果是按照时间的顺序，应该是先写什么？应该是先写解放军建造，然后写梨花照料，再写梨花妹妹，最后写瑶族老人等过路人。因此课后要做两个作业：

1. 思考：如果是按时间顺序写建这个小屋，再写到照料，材料应该如何组织？

2. 请你根据课文里的描写，还有平时电视里看到的，勾勒一下哈尼小姑娘梨花的形象，写一篇关于哈尼小姑娘的短文。

《荔枝蜜》课堂实录

时间：1983年

执教：杨浦中学　于　漪

班级：初一(1)班

第 一 课 时

（师写"蜜"于黑板）

师：请你们分析一下这个字的结构，字形结构是怎样的？

生：这个字的结构是上中下结构。上面是宝盖头，当中是"必"，下面是"虫"。

师：从这个"虫"字，我们可以联想到什么？

生：昆虫。

师：昆虫。什么昆虫跟蜜有关？

生：蜜蜂。

师：蜜蜂。因此我们在写"蜜蜂"的"蜜"的时候，下面千万不能写什么？

生（集体）："山"。

师：不要写别字了。这是"蜜"是"蜜蜂"的"蜜"。今天我们就学一篇写蜜蜂这个小生灵的文章。请同学们把书翻到《荔枝蜜》一课。

（师写课题《荔枝蜜》于黑板上）

师：请同学们考虑，这篇文章是写蜜蜂，但是不是就只写蜜蜂呢？刚才同学讲一看到这个"蜜"，就联想到"蜜蜂"这个小生命。（师写"蜜蜂"于黑板上）杨朔同志这篇《荔枝蜜》是不是只是为了写蜜蜂？

生：不只是写蜜蜂。因为在课文的第18段，他写到了"透过荔枝树林，我望着远远的田野，那儿正有农民立在水田里劳动"。写了一个农民在劳动的场景，从这里我们可以看出他写的不只是蜜蜂。

师：对不对？因此他不仅仅是写蜜蜂，而且写了人。（师写"人"在黑板上）从我们黑板上写的这几个字可以看出，课题是《荔枝蜜》，在这篇散文里主要是写谁？是写蜜蜂，但是不仅仅写蜜蜂，而且从蜜蜂联系到人民，特别是写农民在创造生活的蜜。同学们预习了，请你们思考一下。在这篇文章里，作者自始至终，始终是抓住哪个很重要的词来宣扬铺垫的？谁回答这个问题？写蜜蜂也好，写人也好，写荔枝也好，主要的是抓住哪一个词？我们说诗有诗眼，文章也可以有文章的眼。好，有同学想出来了。

生：这个词是"蜜"字。

师："蜜"，对不对？"蜜"是这篇散文的眼睛，文眼。同学们在预习的时候，如果能够紧紧扣住这一个字来理解的话，那么对全文的脉络就比较清楚了。同学们预习时有哪些问题不能解答的？请同学们提出来。

生：本文主要是从品尝荔枝蜜然后写到了蜜蜂的高尚品质，再写到农民在酿造生活的蜜，他为什么在文章的第2、3段用了较大的篇幅来写荔枝树？如果在第2段"那又浓又翠的景色，简直是一幅青绿色山水画。"直接过渡到第4段"那时候正是吃荔枝蜜的时候。有人也许没听说这稀罕物儿吧？"这里再接下去，大段的描写荔枝树的内容省去是否可以？写了又有什么作用？

师：听明白没有？她认为既然是先写蜜蜂，再写农民。那么第 2、3 段的部分内容可以不要写，就从第 2 段直接到第 4 段。还有什么问题？

生：这篇文章主要是写蜜蜂，为什么起了个令人误解的题目？

师：写蜜蜂为什么要起一个令人误解的题目？你认为《荔枝蜜》这个题目是令人误解的？为什么？"误解"在什么地方？

生：也许会让我们去思考别的方面的问题。

师：别的什么方面的问题？

生：比如荔枝蜜是怎样出来的？

师：荔枝蜜是怎样出来的？

生：在这篇文章的开头，第 1 段，作者回忆了自己小时候的一件事。请问这一段在整个文章中起什么作用？它在文章结构中处于怎样的位置？

师：文章的第 1 段回忆了小时候被蜜蜂螫的这种事情，为什么要写它？在文章中起什么作用？

生：并且在这段最后，有一个"疙疙瘩瘩"的词语，这个词究竟表达了作者怎样一种感情？是害怕，或者是可怜，还是其他感情？

师：这"疙疙瘩瘩"究竟是表达害怕的感情还是其他的什么感情？

生：课文第 2 段后面讲到"每棵的叶子都密得不透缝"，而在后面，在第 6 段它又讲到"荔枝林深处，隐隐露出一角白屋"。既然是"密得不透缝"，为什么他后面又看见一间"白屋"呢？这不是前后矛盾？

师：是不是前后有矛盾？

生：在文章最后一段，他说他"梦见自己变成一只小蜜蜂"，这是他对蜜蜂由衷的赞颂，那为什么要用梦来写？他是否做了这个梦？

师：他是否做了这个梦？

生：我认为她的问题可以这样回答。第一次看荔枝树是从上面来看的，角度是俯视；第二次写是平视的。

师：是平视的,所以俯视就看不出,平视就看得出。这个问题我们待会再解决。还有同学有问题吗?

生：我有两个问题。一个问题是在第132页,有一句话是"喝着这样的好蜜,你会觉得生活都是甜的呢。"这句话有什么深刻的含义? 还有一个问题是在第133页,我认为从第11~14段,这几段写的好像跟文章的中心思想没有什么更多的联系。他为什么要加上这几段,有什么作用?

师：第11~14段,好像对文章主题没有多大的作用,为什么要写?写在这有什么作用?

生：我想问一个问题。在第133页第17段,它写道"我不禁一颤",这个"一颤"是身体的"颤动"还是心灵的"颤动"? 他为什么会发出这样的"一颤"?

师："我不禁一颤"到底是身体的颤动还是心灵的颤动? 他为什么会有"颤动"? 好,这个问题问得很好。其他还有什么问题吗?

师：刚才同学们这些问题都很好,说明大家预习的时候是动脑筋思考的。我们在学的过程当中可以逐一解答这些问题。请同学们注意,这里写的是《荔枝蜜》,刚刚有同学讲写了荔枝树,写了荔枝,又写了蜜蜂,还写了黄蜂,再写了农民在水田里种地。这些材料看来是很散的。散文,有个特点,"形散神不散"。这些众多的材料是怎样组织起来的呢? 我们过去学记叙文,学了组织比较多的材料或者事物来组织情节,对不对? 或者按照时间的推移,或者按照地点的转换。这篇课文呢,贯串全文的线索跟我们过去学的有所不一样。这是一条怎样的线索? 是作者的感情的线索,思想感情的线索。开始他对蜜蜂是怎样的? 后来怎样? 到最后又有怎样的改变? 以及到文章末尾了,刚才有同学讲,他怎么自己梦见是蜜蜂了? 请你们用很快的速度把表达作者思想感情的变化的有关词组找出来。一开始是怎样的? 在书上做记号。在自己预习的时候有没有注意这个问题。一开始是怎样的？好，可以商量，可以讨论一下。

师：有同学问用什么语言概括，有的可以用现成的词组，有的要自己概括。有同学讲，可以从四个方面看。我们先请一个同学讲讲看。

生：作者开始对蜜蜂的感情是"疙疙瘩瘩"；然后他是"动了情"；到了第17段他认为蜜蜂是"可爱的小生灵"；最后说他希望自己变成蜜蜂。

生：我认为作者先是"不大喜欢"。

师：为什么？

生：因为他先说了"蜜蜂是画家的爱物，我却不大喜欢"。后面说了不大喜欢的原因，以及对蜜蜂"感情上疙疙瘩瘩"。

师：因此她认为应该首先是"不大喜欢"（写"不大喜欢"在黑板上），大家同意吧？在这个词组下面画线。

生：然后是"动了感情"。

师：你为什么要加个"感"字？

生：因为作者由于品尝到了鲜荔枝蜜的甜，所以他就觉得蜜蜂是可爱的，动了自己的感情。

师："动了感情"，书上是"动了情"，加一个"感"字，可不可以？可以的。"动了感情"。（写"动了感情"在黑板上）

生：第三是"由衷赞颂"。

师：他在文中没有找到现成的词语，刚才问是不是可以自己概括。"由衷赞颂"，你为什么这样概括呢？

生：因为第17段"我不禁一颤"，"颤"后面的一大段话都是对蜜蜂的赞颂。

师：可不可以？好的，这个概括非常的好，"由衷赞颂"。（板书）最后呢？

生：最后是"梦做蜜蜂"。

师："梦做蜜蜂"（板书），请坐。刚刚同学们概括出来的几个词组，我们可以看出本文的线索是作者思想感情，他对蜜蜂的感情是逐步变化的，这思想感情的变化贯串全文，因此就把很多材料组织起来了。我们理清了这个线索，再来仔细阅读，就清楚多了。刚才在讲第1段的时候，有同学问了这样一个问题：为什么要回忆过去？被蜜蜂螫的情况在文中起了什么作用？现在我们把第1段读一读，请同学们思考两个问题。第一个问题是：作者明明是写他喜爱蜜蜂，到最后是梦做蜜蜂，可下笔的时候为什么从"不大喜爱"入笔？这种写法是一种什么技巧？第二个问题：请同学们考虑刚才同学问的问题，为什么要写这么一个情节？好，现在我们一起把这一段读一读。

（全班一起朗读）

师：当中有一个字"螫"怎么读？（写"螫"）

生：shì。

师：shì（板书拼音），第几声？

生：第四声。

师：有一个字，跟这个字同义不同音——

生：zhē。

师：怎么写？上面是——

生：上面是个"矛"——

师：上来写。（学生上去写了个"蝥"）对吗？

生：好像是这个字。

师："好像是这个字"，学习是不能"好像"的。

（另一学生上去写"蜇"）

师：拼音。

（学生写拼音 zhē）

师：我刚才说有一个字跟这个字是同义不同音。被蜂"螫"了一下，"蜇"和"螫"，意思是相同的，但是不同音。刚才有同学知道有个字，但是他吃不准，因此就写了一个"矛"，这个"矛"什么地方看到的？

生：鲁迅的《从百草园到三味书屋》里面有的，"斑蝥"。

师：注意，这个字我们是第一次接触，请你们分析字形结构。

生：上下结构。

师：上下结构。上呢？

生：左右结构。

师：好，我们写写看，用手写写看。上左……上左是什么？

生："赤"。

师："赤"。一道写。上左——

（学生一起用手比画）

师：上右——下面——

师：很好。这个字要注意。接下来请同学们思考：这篇文章明明是赞颂蜜蜂，表示自己对蜜蜂的喜爱，可是偏偏从不爱下笔，为什么？

生：作者采用了欲扬先抑的方法。

师：是不是这样？我们接触过欲扬先抑。为什么采用这样的方法？

生：这样从作者不太喜欢蜜蜂起笔，通过对蜜蜂的一步步深入了解，就更加突出了他对蜜蜂的喜爱。

师：讲得很好！欲扬先抑，要赞颂它，先怎么样？先抑，就是觉得是它咬了我，螫了我。欲扬先抑，这样写来就曲折起伏。请同学们注意还有一个细小的地方，他写蜜蜂螫了他一下，"痛得我差点儿跌下来"，可是他一开始没有从这儿写，他是从哪写的？"花鸟草虫，凡是上得画的，那原物往往也叫人喜爱。蜜蜂是画家的爱物"，他用什么方法来写的？看看别人怎么样对待蜜蜂？

全体生：喜爱。

师：喜爱。用别人的喜爱来——

生：突出"我"的不喜爱。

师："突出"用得好不好？修改一下。

（有学生答衬托）

师：衬托"我"的不喜爱。这样的用笔怎么样？

生：有点独辟蹊径。

师：怎么独辟蹊径呢？

生：就是不合乎情理。

师：好像不合乎情理。人家都喜爱的东西，你不喜爱，对不对？这样的写法非常委婉。人家都喜爱的东西我不喜爱，好像跟别人不一样。这样就很自然地引起下文。用别人的喜爱来衬托自己的不喜爱。为什么不喜爱呢？下面就回忆不喜爱的原因了。刚才有同学问写这段话干什么？为什么要从这写起呢？能回答吗？不能？同学问的问题跟我问的问题的答案怎么样？

生：是一样的。

师：就是说，刚才同学是直接地问了问题，我呢？

生：是侧面的。

师：对，是侧面的。实际上是一个答案。就是下文要表露自己对蜜蜂的喜爱，先从不喜爱入笔，是委婉曲折，欲扬先抑。就是把自己的感情先积蓄起来，隐藏起来。我倒要问同学这样一个问题：他说已经"原谅了蜜蜂"，因为蜜蜂螫了人，"它自己就耗尽了生命，也活不久了"。既然原谅它了，可是"每逢看见蜜蜂，感情上疙疙瘩瘩的，总不怎么舒服。"是不是矛盾？讨论讨论看。"疙疙瘩瘩"，刚才有同学讲，"疙疙瘩瘩"到底是什么样的感情？

生：俗话说"一年被蛇咬，十年怕井绳"。

师："一年被蛇咬，十年怕井绳。"一朝，一年不行的了，早死了。"一朝被蛇咬,十年怕井绳"。这个俗语用得很好。

生:他一旦被螫了一下,虽然日子已经过去很久了,但这样的感觉已经刻在他的童年记忆里了。

师:因此——

生:总是觉得"疙疙瘩瘩"的。

师:还有补充吗?

生:我认为他这里"疙疙瘩瘩"还包括一层意思就是,他的亲人说了"蜜蜂轻易不螫人",它一旦螫了人,它便活不长,所以作者从另一方面也觉得它很可怜,所以他"疙疙瘩瘩"里面包含两层意思。

师:"疙疙瘩瘩"既有可怜,又有不舒服。

生:"原谅"与"喜欢"是不相同的,这是从两个角度来说,"原谅"是相对于蜜蜂来说,而"喜欢"是从自己来说,所以并不矛盾。

师:并不矛盾。是不是可以这样理解?刚才同学们讲得都很好。"原谅",是从理性意识上,因为蜜蜂是轻易不螫人的,一螫人后它就耗尽生命。当作者懂得了这一点以后,就原谅了它。可是就像刚才同学讲的,"一朝被蛇咬,十年怕井绳",因此一回忆到这件事情,又感觉心里有些不舒服,所以就"疙疙瘩瘩"。作者这里写得非常细,初看好像是矛盾的,仔细地理解一下,就觉得作者这样的用词造句是很有道理的。现在文章第一部分是被理解了。作者是从小不大喜欢蜜蜂。(板书:"蜜蜂")但既然是不大喜欢蜜蜂,怎么又会发生兴趣了呢?怎么又"动了感情"了呢?这是一种什么情?我们看文章的第5段,他说"我不觉动了情,想去看看一向不大喜欢的蜜蜂"。他怎么会对蜜蜂"动了情"呢?现在我们请一位同学把这部分读一读。作者在这里没有直接写蜜蜂,刚才有同学说,为什么第1段写完了以后,不连着写第4段,而要写第2、3两段呢?为什么不直接地写情,而是宕开一笔,用浓墨描绘荔枝树,荔枝,荔枝蜜?为什么?好,现在我们请一位同学把这部分读一读,第2~

4段。

（请一学生读课文）

师：他读得怎么样？

生：读错了很多字。

师：读错了很多字，请列举一二。

生：第131页"就是那么一股甜香"她读成了"这是多么一股甜香"。

师：我们说读书要注意几个要点：不添字，不漏字，不改字。这个当然是可以原谅的，因为刚刚学，待会学完了读它几遍就会好了。现在请同学们思考，作者本可以从第1段写蜜蜂就跳到第4段，为什么宕开一笔，浓墨重彩地写荔枝树、荔枝、荔枝蜜？（板书："荔枝树""荔枝"）

生：这里是起铺垫作用。

师：起铺垫作用。好，你分析分析看。

生：因为作者去广东从化，晚上他先发现了这荔枝树，这时候他就想到了荔枝，然后他想到了这个时间不能吃到鲜荔枝了，自然而然就想到了荔枝蜜，这样的思想过程非常符合情理。是为后面做了铺垫。

生：作者写荔枝树、荔枝，还有荔枝蜜，他是通过荔枝蜜想起了荔枝蜜是由蜜蜂酿成的。他本来是对蜜蜂不大喜欢的，然后觉得荔枝蜜的味道很好，于是就对蜜蜂动了感情，所以是起铺垫作用的。

生：我觉得这里不仅仅是铺垫，而且是层层铺垫。

师：而且是层层铺垫。怎么层层铺垫？

生：它就像我们所学的顶真的修辞方式，是先看到荔枝树，然后想到吃的荔枝，由于没有吃到荔枝就吃到了荔枝蜜，这样就是层层铺垫。不仅如此，而且非常的合乎情理。后面他参观养蜂大厦，是在广东温泉参观的，前面为下文做了一个很好的铺垫，很好的一个伏笔。在第4段他就隐隐地透出对蜜蜂的喜欢。

师：什么地方隐隐透出对蜜蜂的喜欢？

生：住在温泉的人多半喜欢吃蜂蜜，而且作者自己也吃到了香甜可口的蜜，所以他觉得生活都是甜的，进而有了要去看看养蜂大厦的想法。

师：还有补充吗？好，刚才说的同学们同意吧？从"不大喜爱"到"动了感情"有一个过程，怎么才能转得自然呢？我本来不大喜爱的，一下子动了感情那就太突然了，因此这里必须要铺垫。这一点同学们基本上能理解。那么怎么铺垫呢？正是因为吃了荔枝蜜，荔枝蜜的清香，就想到了是蜜蜂酿的，就想到生活是如此的甜蜜。荔枝蜜是怎么来的呢？他势必就要讲到荔枝这个果实，那么荔枝果实怎么来的呢？是很多荔枝树上所结出来的。所以同学讲，这确实是层层铺垫。就是从广东从化小住了几天以后，逐步从眼前见的景，以及自己闻到荔枝蜜的甜香，尝到了荔枝蜜的甜香，逐步使得感情转变。就合乎情理而不突然了，你们说对不对？这个同学们理解是对的，但还有不足。

生：这里可以写出蜜蜂的勤劳。因为荔枝树像汪洋大海，荔枝树多的话，荔枝也多，荔枝多了，花开得很多，开花时间，蜜蜂是忙得忘记早晚，这样也可以写出蜜蜂的勤劳。

师：对不对？她理解得很好。因为后面要写蜜蜂的勤劳。怎么勤劳呢？采花酿蜜。所以前面把荔枝树写得那么繁茂，是很有道理的。我再提示一点，就是这个蜜蜂，怎么出现的？在散文里是很讲究的，因为前面出现的时候，画家的喜爱只是一个铺垫、衬托，而主要是写作者不大喜欢，因此第一次蜜蜂跟读者见面的时候，作者原来是不大喜爱。接下来要写喜爱，因此要给蜜蜂创造一个环境，这个环境就是荔枝树非常繁茂，花香扑鼻，这蜜蜂是怎么来的？是从树丛当中，从万花当中，飞到我们读者眼前的，这样作品就有意境。散文和诗一样，它是讲究意境、讲究诗情画意的。因此作者浓笔来写荔枝树、荔枝、荔枝蜜，是给蜜蜂的出现创造十分优美的环境，是从万花当中飞到我们读者的眼前，这样就给人以诗情画意之感。不仅作者思想感情的转换有了基础,而且给读者很美的印象。至于这三者之间是怎样的关系,我们下节课再讲。

第 二 课 时

师:上节课我们学了文章的第二部分,作者从不大喜爱蜜蜂到动了情,采用了层层铺垫的方法,因此思想感情转得极其自然。就是说,写荔枝树的茂密,写荔枝的鲜美,再写荔枝蜜的甜美,这样层层铺垫下来,我们就可以理解作者思想感情的变化。我补充了一点,这样写增添了这篇散文的诗情画意,给蜜蜂的出现创造了一个十分优美的环境。请同学们再复看一下,就是作者写荔枝树、荔枝、荔枝蜜,尽管都是用来铺垫的,但是他写的笔法是不一样的。你们看看,能够区别出来吗?比如,写荔枝树的时候写它的茂密,怎么看出来的?谁能够说?

生:写荔枝树的茂密主要是通过幻觉来写。作者首先在白天看到……在晚上看到荔枝树是黑黝黝的小山,但是到了白天一看却是茂密的荔枝林。所以,这是通过在晚上作者的幻觉所看到的景象来写荔枝树。

师:好的。写荔枝呢?

生:写荔枝是……嗯……

师:是不是也是幻觉啊?

生:不是,作者写荔枝,是,是从……

师:怎么写的?

生:是虚写的。

师:看到没有?没看到,旁边同学看出来了……

生:是从苏东坡的诗句里面见到了荔枝的妙处。

师:从苏东坡的诗句里,应该是什么手法?"引用"!讲得很好,引用苏东坡的诗句。

生：作者在这段里还通过对荔枝的花和叶子的比较，说"花并不出众，但是叶子比花还要中看些"。写荔枝蜜的时候是实写的。

师：是实写的，好的。

生：是因为有同志给他送了两瓶荔枝蜜。从作者的嗅觉，就是从一打开瓶子上就闻到一股香，甜香并……

师："调上半杯一喝。"

生：还有味觉。

师：味觉，好的。

生：最后作者是喝着这样的好蜜会觉得生活都是甜的，这就是作者的感受。

师：讲得很好，这个写法很细腻。如果我们粗粗一看，那就咀嚼不到其中的甘甜。他写荔枝树的茂密，刚才同学们讲得很好，为什么要写晚上呢？刚才××同学在读的时候，我要她重读，她说"刚去的当天是个阴天"，这个字是不能改的。对吧，"当天"是不行的，"当晚"，"晚上看到好像是黑黝黝的小山，一重一重，起伏不断，等到白天一看，忍不住笑了，原来是满眼的荔枝树"。这样写，就给荔枝树蒙上了神秘的色彩。对了，是幻中见实（板书）。等到写荔枝的时候呢，笔调又改变了，刚才有同学提示说这儿是虚写，因为看到了没有？

生：没有。

师：没有。他写荔枝也许是世上最鲜最美的水果，然后引用苏东坡的诗句。苏东坡的诗句是很实的，对不对？但是，作者吃到了没有？

生：没有。

师："偏偏我到的不是时候"，因此是由实见虚（板书），又是一种写法。由实见虚，好像是要把荔枝捧给大家看了，结果我来的不是时候，没吃到，当然作者在写的时候又用了一些小的曲折——刚才××看到这点了——荔枝这么好,偏偏花并不好看,对不对?所以这里又是一个小的曲折。吃鲜荔枝蜜倒是时候,荔枝吃不到,吃荔枝蜜。这个吃鲜荔枝蜜倒是时候,在文章结构中起什么作用?

生:过渡。

师:过渡,由荔枝过渡到荔枝蜜。这个地方的写是怎么写的?是实写了。写得实实在在(板书),怎么实实在在?刚才××讲得很好,从嗅觉,味觉,一直到喝了以后的感觉。所以,同样是铺垫,作者用的笔法是很有变化的。因此我们读起来就趣味横生。还有不同意见吗?

生:不光是写了嗅觉,味觉,还写了颜色,色香味都写了。

师:色香味。哦,什么地方写了颜色?

生:"荔枝蜜特点是橙色的,养分多。"

师:这点补充很好,色香味都写了,所以我们读了这一段,就很同意作者的想法。因为嗅觉,味觉,又看到这样的纯色,是什么呀?是视觉。从众多的感官当中接收到的信息,感觉到这个荔枝蜜确实是非常好,而荔枝蜜从何而来的?是蜜蜂酿的,采花酿蜜,因此"我不觉动了情",这种情是什么情啊?赞美的,还有吗?敬佩的,崇敬的,赞美的,对不对?还有吗?××还有补充?

生:查了字典,纯色不是颜色的意思,颜色没有写。

师:好,××很好,同学们一讲马上就查字典。

生:我觉得还有好奇的心情。

师:还有好奇的心情,对不对?好奇,崇敬,赞颂,神往,纯色是成分纯,看看,成分纯是靠什么的?要视觉的,可以看的。淡的还是浓的,不仅是视觉,还有什么的?待会我们下课品尝一下,好不好?这个问题先体验一下,×××。

生:纯色用视觉是很难看出来的,因为像汽油一样,掺入水是很难看出来的。

师：这个问题，我们留到下课在品尝的时候再看。我们再往下学，这个时候作者是动了情了。是怎么样的情？刚才理解得很好，要想去看一看一向不大喜欢的蜜蜂，想去看什么呢？蜜蜂是怎样生活的，它究竟是怎么采花酿蜜的。于是文章就过渡到第三部分。第三部分主要是跟老梁的对话。现在请一个同学把这段话读一读，从第6段开始，要读到什么地方为止呢？第16段。好，××，你读好吗？

（生读课文）

师：请同学们考虑一下。这个部分主要是写蜜蜂的生活习性，比如写它的繁忙，在词语上，一开始就用了什么？出出进进，这是什么？沸沸扬扬，这是什么？叠词，为什么要用叠词？

生：渲染气氛。

师：渲染什么气氛？

生：渲染蜜蜂很忙碌……

师：对，用叠词可以渲染蜜蜂忙碌的气氛，你讲得慢一点。接下来我们看，老梁跟作者介绍蜜蜂的生活习性。写的时候，不仅是写蜜蜂怎么忙碌，而且写忙里偷闲，你们看，忙里偷闲有哪一笔啊？谁能看出来，第7段。

生：蜂王。

师：对了，蜂王，因为蜂王不采蜜，作者是忙里偷闲写一笔，蜂王是怎样的？每只工蜂都愿意用采来的蜂精供奉它。这样写蜜蜂的生活习性就比较全面了。接下来再看一个层次，是蜜蜂一年内能采多少蜜。小小蜜蜂一年能采多少蜜？几十斤。这里，同学们看，它最爱劳动，创造的财富很多，作者用了几个"不"来形容它，哪几个"不"？请你们找准。哪几个"不"？

生：四个"不"。

师：四个"不"，第一个是什么？

生：不闲着。

师：不闲着,请在书上把它画一下。不闲着,第二个?

生：不争。

师：不争,第三个?

生：不计较。

师：不计较,第四个?

生：不辞辛苦。

师：不辞辛苦。我们平时讲辛劳讲得多,书上用的是不辞辛苦(板书),作者从它酿的蜜的多少来写它的什么?是不是写它的蜜?由蜜写到什么了?

生：写到了蜜蜂的高尚之处。

师：写它的精神,写它的高尚之处。它不闲着,不辞辛苦,终日忙碌,不是为自己,这四个"不"就写出了蜜蜂的精神。刚才×××问了,为什么写第11～14段,这是不是多余的?不是的,为什么?谁来回答这个问题?

生：他写这四段,一方面从大黄蜂的恶来反映出蜜蜂的高尚品质,另一方面也写了劳动果实是不易创造的。

师：还有补充吗?

生：这里也写了蜜蜂生活的曲折,它的劳动也不是一帆风顺的,而是也有它的敌人。

师：对不对?他们两个讲得很好。这并不是可有可无的,而是从另外一个侧面来写蜜蜂,以黄蜂的侵略、黄蜂的阴险可恶,来映衬蜜蜂的高尚可爱。同时也说明,劳动果实的创造是非常不容易的,并不是一帆风顺的。刚才××在读的时候,有一个字,我以为她要读错了,哪一个字?

生：提防。

师：提防，是个多音字，还可以读什么？

生：tí。

师：tí，这个地方是读 dī，读得很对。有同学没注意到，在字下面做个记号。接下来散文就要到紧张关头。我想提个问题，一只蜜蜂能活多久？蜂王可以活三年，工蜂最多活六个月，最多活六个月，这使我不得不想起××刚才提的问题，她说"我不禁一颤"，这个"颤"是心灵的颤还是身体的颤？

生：心灵的颤。

师：心灵的颤，大家都看到是心灵的颤，那什么叫"颤"？请你解释。什么叫颤？为什么会颤？由颤又引出了什么？

生："颤"就是颤动发抖。

师：颤动发抖。这儿是心灵上的颤动。为什么会颤动？

生：因为作者觉得蜜蜂的一生是很短的，但它所创造的财富却是很多的，这样作者就感到蜜蜂它是非常可爱的生灵，它是高尚的。

师：因此就"颤"了，请坐。情不自禁地颤动，由于外界的刺激，他没有想到一年酿几十斤蜜的工蜂只活六个月。"只活六个月"，确实好像是一石激起千层浪，好像是重锤锤到自己的心房，所以情不自禁，引起了震动。那么由这个"一颤"又引出了什么？我们看标点符号，"颤"字下面？

生：冒号。

师：对，由这心房的颤动就引出了下面的一连串的话。我们一起朗读一下。"我不禁一颤"，预备起——

（全班朗读）

师：引出的是对蜜蜂的什么？

生：由衷的赞美。

师：对，由衷的赞美，或者由衷的赞颂，多可爱的小生灵啊！前面是不喜欢,这里是多可爱的小生灵。为什么可爱?作者阐述了没有?怎么阐述的?多可爱的小生灵啊,可爱在什么地方?作者怎么进行议论的?

生:从正反两个方面,第一是给予人很多,第二是不是为了自己,而是为人类酿造最甜的生活。

师:是不是这样?

生:我认为她是对的。

师:好,接下来就是让这"可爱"两个字落实了,为什么是可爱呢?并不是说它的形体怎样,而是它对人无所求,给予人的却是极好的东西。不是为自己,而是为人类酿造最甜的生活。从两个方面来谈。接下来就直抒胸臆了,直抒胸臆,在一段话里面用了几个感叹号?

生:两个。

师:两个,一个是"多可爱的小生灵啊!"第二个是"蜜蜂是渺小的,蜜蜂却多么高尚!"矛盾吗?

生:不矛盾。

师:为什么不矛盾?

生:因为是从两个方面来说明的。渺小是从它的身体来看是很小,但是从它的精神来看它却是很高尚的。

师:好像有不同意见。

生:它的渺小不仅指它的身体的渺小,而且也说明了它生命是那样的短暂。

师:对不对?它是很平凡的,很平常的,但是,精神是如此高尚。对人无所求,不闲着,不辞辛苦,不争,不计较,所以作者在写这一段的时候激动的感情流入笔端。如果没有前面这样的铺垫叙述,这一段抒情议论就会怎么样?就脱空了。所以写到这个地方,作者用感叹号,用冒号来议论抒情,可以说是前面文章的水到渠成。文章写到这里,可以结束了吗?

生:可以。

师:可以结束了。但是一开始我就讲,写这个荔枝蜜并不完全是写蜜蜂,作者主要的意图还不在写蜜蜂上,是什么?

生:写人。

师:写人,是借这个物,托物喻人(板书),是来歌颂人的精神和品格,所以文章进入第四部分。第四部分语言非常简单,我读一读,请你们来回答。它先是展现什么?然后写什么?它由蜂及人的时候,是怎么转过来的?

生:他是透过了荔枝树林,看到了远远的田野,正有农民在劳动。

师:对,首先是展现田野的广阔美景。接下来呢?

生:接下来就是写了农民立在水田里,在辛勤地分秧插秧,然后抒发他自己的感情。表明了他们用自己的劳动,为自己为别人为后世子孙在酿造生活的蜜。

师:三个"为",主要为什么?

生:为后世子孙。

师:为自己,为别人,为后世子孙酿造生活的蜜。这里之所以要如此写,是为了文章的主题怎么样?

生:升华。

师:升华。我们把由衷赞颂的两个方面结合起来思考,就很清楚地知道,作者为什么要听到这句话就"心中一颤",因为蜜蜂是辛勤酿就百花蜜,留得芬芳在人间。而人民,劳动人民,这里特别写农民,一辈子辛辛苦苦,也是辛勤酿就生活的蜜,留得芬芳在人间,为了别人,为了后世子孙。读到这里,同学们想想看,在我们国家,在我们的社会里面,这样的人多不多?

生:多。

师：你能够联想到一些名人名言吗？比如，鲁迅说的"我吃的是草，挤出来的是牛奶。"还有吗？

生："俯首甘为孺子牛。"

师："俯首甘为孺子牛。"雷锋的，我们学过了，雷锋怎么说的？

生："我要把有限的生命投入到无限的为人民服务中去。"

师："把有限的生命投入到无限的为人民服务中去。"还有吗？有没有？我一提示你们就知道了，生命的价值在于什么？为人民服务。我们再联想一下，在学《生命的意义》的时候，奥斯托洛夫斯基讲的一段话，大家还记得起来吗？"人最宝贵的是生命"，我们一起背背看，预备——起。

生："人最宝贵的是生命，一个人的生命应当是这样度过：当他回忆往事的时候，不会因虚度年华而悔恨，也不会因碌碌无为而羞愧。在临死的时候，他能够说'我的整个生命和全部精力，都已献给世界上最壮丽的事业——为人类的解放而斗争'。"

师：我们读到这里的时候，就可以联想到许许多多的名人名言。在这里，我也顺带介绍一下作者，我们还是第一次碰到这位作者——杨朔。他是著名的散文作家，早在抗日战争的时候就参加了革命，后来赴朝鲜参加抗美援朝的斗争，曾经写过有名的中篇小说，有谁知道？

生：三千里……

师：嗯，《三千里江山》，后来长期从事外事工作。在国外，他善于观察社会生活，捕捉艺术形象，写下了许多优美的散文。我今天带来的《杨朔散文选》里收集了他各个时期优秀的散文。就是这样一位早年参加革命的作家，却在"文革"中，被迫害而死。所以我说这样的人也是怎么样啊？辛勤酿就百花蜜。今天我们读他文章的时候，仍然闻到他的甜香。他在歌颂我们社会主义新生活，留得芬芳在人间。文章写到这个地方，由蜂而人，使得意境更高，主题更深刻，无私忘我的境界也出来了。为什么还要写文章的最后一段呢？刚才有同学问，我们一起把最后一段读一读。"这天夜里"预备起。

（生全班朗读）

师：为什么最后还要写这一段？是不是多余的？画蛇添足？什么道理？

生：我觉得他这里不仅是抒发了对蜜蜂的感情，而且他也表达了自己的志向，就是他梦见自己也变成了一只小蜜蜂。表达了他自己也要做像蜜蜂那样，为生活为人类酿造蜜的人。

师：好。

生：我认为这里是再现主题。

师：很好。

生：使自己的思想深入其中，得以和蜜蜂一样，在思想上获得共鸣。

师：是再现主题，和蜜蜂在思想上得以共鸣。

生：这里是以梦托情，托物言志，表达……

师：以梦托情，对不对？

生：表达了自己希望像蜜蜂一样为人民服务的思想感情。

师：××。

生：俗话说，日有所思，夜有所梦。

师：日有所思，夜有所梦。讲得很好。

生：作者睡觉的时候做了一个梦，说明这件事对他的触动是非常深的，使他的心灵受到了颤动，而不是肤浅的。

师：讲得非常好。小蜜蜂的这种精神，对他，对作者的心灵是真正地有所触动，并不是肤浅的，而是真正的有所触动。因此他就不能停留在客观上来歌颂一番，赞美一番。正如刚才××同学所讲的，自己要深入其中，也要立志做蜜蜂这样的人，为生活酿造蜜的人，也要像农民辛辛苦苦在地里种地，来为人民、为别人、为后世子孙酿造生活的蜜。我们说梦是日有所思，夜有所梦，梦是思想的折射。因为自己的心灵真正有所触动，所以日有所想，夜有所梦，这样用梦境来表达自己的理想，就比"我要怎么样""我决心怎么样"的语句要生动得多，形象得多，而且与散文的语调一致，十分和谐。不能写到最后，说我感动了，于是我下决心做……这就破坏了整个文章的气氛。托梦言志是一种写法，是我们第一次学到的，用它来表露自己心灵深处的理想。人总是要有所追求的，生活的理想就应该是不闲着，不辞辛苦，不争，不计较，为别人，也为后世子孙。所以从总体来看，这篇文章的构思非常精巧（板书），它把许多看来是很散的材料凝聚在一起，歌颂蜜蜂的精神。而蜜蜂的精神是什么呢？劳动人民创造新生活的精神。这里我们可以看到它是怎么构思的，即以思想感情的变化为线索，下笔的时候点到蜜蜂，马上就由荔枝树而联想到荔枝，由荔枝而联想到荔枝蜜，由荔枝蜜而联想到什么？酿造蜜的蜜蜂。由酿造蜜的蜜蜂联想到创造生活甜蜜的劳动人民，因此它是层层铺垫（板书），或者叫层层陪垫，由于是层层陪垫而又不完全停留在蜜蜂上，所以是借物寓意，整个构思十分精巧。刚才有同学问，前面写荔枝树是那么茂盛，后面又怎么看到荔枝林深处的白屋，我再补充一点，文中结束的地方有一句，是透过荔枝树林望着远远的田野，是不是矛盾？

生：不矛盾。

师：不矛盾。

生：开头已经说清楚了："满眼的荔枝树一棵连着一棵，每棵的叶子都密不透风。"他说密不透风是每棵树的叶子，但一棵树和一棵树之间是有行间的。

师：是有行距的。

生：它还是能透过这之间的空隙看到那间白屋，也可以看到在田里耕作的人。

师：同意吗？我说为什么最后来解答这个问题呢？就是我们读书的时候跟过去比有一个进步，我们同学能够开始前后联系起来思考问题，提出问题。但是要进一步注意，就是读的时候还要精细一点，前后联系起来思考，有些问题是自己可以解答的。《荔枝蜜》这篇文章是非常有名的散文，开始时有同学提了这么个问题，说既然写蜜蜂，为什么用"荔枝蜜"为标题？就写"蜜蜂"好了。你们看是"蜜蜂"好还是"荔枝蜜"好？你们说说看，用"蜜蜂"可以吧？

生：可以。

师：但是它的毛病是什么？

生：太显露。

师：对，太显露了，你们看对不对？而这篇文章的文体是什么？散文，《荔枝蜜》更能给人甜蜜的感觉，更有诗情画意。因此整篇文章都是围绕着蜜来写的，是由树由果而酿出蜜。酿蜜者是谁？再引申到生活的酿蜜者。跟散文的特点完全吻合。从这篇文章的主题我联想到，我们有很多人，对世界有所贡献的人，他们的认识是相同的。下面我们听写一段文字，作者高尔基，给他儿子一封信里面的一段话，1907年1月份的一段话，请你们记下来，标题是"花"。1907年1月份，他说"你走了，"这是第1段，"你走了，可是你栽的花却留了下来，在生长着。我望着它们，心里愉快地想，我的好儿子动身以后，在卡普里岛留下了某种美好的东西——鲜花。"第2段，"要是你在任何时候、任何地方，自己一生留给人们的都是美好的东西——鲜花、思想，对你非常好的回忆——那你的生活将会是轻松和愉快的。"第3段，"那时你会感到所有的人都需要你，这种感受会使你成为一个心灵丰富的人。要知道，'给'永远比'拿'愉快。"好，我们一起读一遍。"你走了，可是你栽的花却留了下来"，预备——起。

生："你走了，可是你栽的花却留了下来，在生长着。我望着它们，心里愉快地想,我的好儿子动身以后,在卡普里岛留下了某种美好的东西——鲜花。要是你在任何时候,任何地方,自己一生留给人们的都是美好的东西——鲜花、思想,对你非常好的回忆——那你的生活将会是轻松和愉快的。那时你会感到所有的人都需要你,这种感受会使你成为一个心灵丰富的人。要知道,'给'永远比'拿'愉快。"

师：我们生活在社会主义国家里,每个青少年都要立志做一个心灵丰富的人,要知道,"给"永远比"拿"愉快,这是生活的真谛。今天杨朔同志给我们上了这一课,生活的哲理课。以小蜜蜂,以劳动人民酿造生活的蜜为榜样,我们要不断地追求,对人民有所贡献。课后,请同学们自己再朗读几遍。另外,请大家看看这语文补充教材有一篇《蜜蜂的生活三则》,看完了以后,对这篇文章中,对蜜蜂的赞颂,对人民的赞颂,可以理解得更深。课就上到这里。课文里讲这个荔枝蜜是非常香甜的,正好有这么一个机会,从化的教育局的同志给我带来了一瓶荔枝蜜,我们分尝一下,看看它的成色。下课了,自己拿碗或者杯子来讲台前倒一点品尝一下。

《花儿为什么这样红》课堂实录

时间:1985年4月28日下午第一、二节课
执教:杨浦中学　于漪
班级:初三(4)班

第 一 课 时

师:当我们迈步在校园时,我们总是情不自禁地赞美学校的美景。有同学说,我们校园就好像花园一样,绿草如茵,树木葱茏,春天一到百花盛开,那更是百般红紫斗芳菲。现在请同学们回想一下,我们学校一年四季有哪些花?并且在花前面加一个颜色的附加语,也就是你们要用偏正词组来回答我的问题,一年四季花很多,请用偏正词组来列举一二,听明白了吗?谁先讲?

生1:我们学校有洁白的广玉兰花。

师:洁白的广玉兰。

生2:有月季花。

师:月季花。

生2:是粉红色的。

师:粉红色的,应该怎么说?

生3:应该是各色的月季花。

师：各色的月季花。

生4：有红色的牡丹。

师：红色的牡丹，有吗？牡丹有没有？

生：(部分)：没有。

师：是什么？

生(部分)：大理花。

师：大理花，对不对？

(生部分点头，学生举手)

师：好，你说。

生5：有黄色的荷花。

师：黄色的什么？

生(多数)：睡莲。

师：睡莲。

生6：有粉红色的樱花。

师：粉红色的樱花。还有——

生6：桃花。

师：粉红色的桃花。

生7：我们学校樱花只有一种，就是白色的，没有粉红色的。

生(部分)：有的。

师：什么地方有粉红色的？粉红色的颜色怎么样？很淡很淡。好，还有吗？

生8：我们学校还有黄色的迎春花和红色的鸡冠花。

师：黄色的迎春花和红色鸡冠花。

生9：还有大红色的海棠花，紫色的紫藤花。

师：紫色的紫藤花。

生10：在绿油油的草地上还有紫白相间的无名小花。

师：紫白相间的无名小花。还有什么？

生11：还有红色的一串红。

师：还有红色的一串红。

生12：还有桃红色的夹竹桃，白色的夹竹桃，红色的美人蕉，还有黄色的美人蕉，还有剑麻开的花是白色的，十大功劳开的花是黄色的。

师：十大功劳开的花是黄色的，十大功劳知道吗？

（生多数摇头）

师：不知道，下了课以后你带不知道的同学去看一下，好吗？十大功劳。

生12：现在还没有开。

师：现在不开你可以先指给同学，告诉他们什么叫十大功劳，请坐。

生13：秋天还有多种颜色的菊花。

师：你能列举一些颜色吗？

生13：白色、黄色、紫色还有红色、绿色。

师：还有墨菊。我们平时在校园里走的时候经常观赏，但是看花容易介绍难，花的颜色五彩缤纷，可是为什么有的花是白色的，有的花是粉红的，有的花是深红的，有的花是黄色的，而有的花又是紫的？还有蓝的，特别是不知名的小花，各种颜色相间，我们一走进校门，就有很多蝴蝶花、虞美人，有红色的，有蓝色的，有紫色的，为什么这些花都会呈现出不同颜色？这就不是用眼睛一下子看得清楚的了，得深入事物的内部，了解花儿呈现各种颜色的原因。今天我们就请人来给我们介绍。我们翻到第20课《花儿为什么这样红》，作者是贾祖璋，请同学们注意三个字中有一个字很容易写错，哪个字？

生（部分）：璋。

师："璋"是什么偏旁？

生（部分）："王"字偏旁。

师：查过字典没有？

生 14：(脱口而出)我知道。

师：好，你讲。

生 14："璋"是古代的一种玉器。

师：古代的一种玉器，因此它是什么偏旁？

生(部分)："王"字旁。

师："王"字旁，也叫斜玉旁，是古代的一种玉器，弄清楚意思以后，写的时候就不会错了。贾祖璋同志是我国著名的科普作家，他是善于运用文艺手段传播科学知识的高手，也就是说他善于把科学知识融化于散文性的文字当中，对人们特别是对我们青少年介绍科学的常识，它既有科学知识，有科学性，又善于运用文艺的手段，文字经常是散文化的，因此又具有什么性？

生(部分)：文艺性。

师：文艺性，对！他的科普读物，是科学性和文艺性的结合，能够吸引读者的兴趣，把我们引入科学知识的大门，使我们沉浸科学的奥秘当中，乐而忘返。我这段介绍是否符合实际，我们读完了以后就可以解答了。刚才说了，他善于运用文艺手段把读者特别是青少年引入科学知识的宝库。现在请一个同学把第 1 段读一读，看他怎么笔端带彩来把我们引入科学知识的宝库的。读的时候请同学们仔细看，第一，思考他是怎样用词语来描述，激发人们的兴奋感，吸引读者读下去的？第二，他这开头用了怎样的写作方法，使人们不得不往下读。这两个问题储存在脑子里，现在请一个同学来读。

(生 15 朗读第 1 段)

师：看看哪些词文艺色彩很浓，一下子就把读者吸引住了？两个人讨论讨论。

(生相互商讨)

师：好,一个同学讲,其他同学可以补充。

生16：有这些词和词组：热情的色彩、强烈、奔放、令人精神振奋、红紫烂漫、活力充沛、生气蓬勃。

师：这些词和词组用来描述什么？描述的对象？描述花朵的什么？

生（部分）：红色。

师：红色,花有各种颜色,但是从红色下笔,对不对？好,还有补充吗？可以说得稍微深入一点吗？这些词都是很对的,花朵的红色是热情的色彩,可怎么色彩有感情啊？色彩有感情吗？有的摇头,有的点头,到底有没有？

生（部分）：没有。

师：没有,那怎么是热情的色彩呢？谁解答这个问题？

生17：因为花朵的红色能够给人以热情奔放的感觉,所以它是热情的色彩。

师：他这样理解对不对？色彩本身有没有感情？

生（部分）：没有。

师：没有,但是现在人是看这个花,他有感觉吗？

生（多数）：有。

师：有感觉的,花作用于他的感官,他应该有感觉,你们学美术的时候涂颜色——水彩画,老师是跟你们讲过吗？有的色彩是什么？

生（部分）：冷色。

师：冷色,有的呢？

生（部分）：暖色。

师：对了,人们看色彩的时候它就有冷色暖色,有远近的感觉,有大小的感觉,还有轻重的感觉,这是人观看以后他自己的感觉,很多人都有这样感觉,因此人们一看到花朵的红色就感觉到它很热情,所以开头这一句话的描述,"花朵的红色是热情的色彩,它强烈,奔放,令人精神振奋",一下笔就制造了热烈的氛围,是不是这样?接下来要人们联想,红紫烂漫的春天多么活力充沛,生气蓬勃,是不是用文艺手段把我们引入知识的宝殿?好,这是要理解的一点。接下来请同学们思考,他怎样引入正题的呢?他用了什么方法?

生(多数):设问。

师:大家很清楚,作者通过设问引出话题,"花儿为什么这样红?人们一边赞叹,一边不免提出疑问,寻求科学的解释"。因此在描述的基础上又用设问的方法提出问题(板书:设问),催人思考:对呀,我们看的花有红的、有蓝的,红紫烂漫,为什么花会有不同的颜色?要寻求科学的解释,所以用设问的方法来引导人们进入花儿形成各种颜色的内在奥秘,催人思索,这我们从文章的第1段就可以初步理解。作者是从哪几个方面来对"花儿为什么这样红"进行科学解释的?请大家用浏览的速度把关键的句子在书上画出来,我们请一个同学上来写,看理解得对不对。边看边写,写的人要简明扼要,画的人把句子画清楚,好,××,你来写写看(板书:花儿为什么这样红)从哪几个方面来对"花儿为什么这样红"作科学解释,我们在书上画画看。

(生18板书)

1. 从物质基础说明(花青素、胡萝卜素)
2. 从物理学原理解释(长短不同的光波)
3. 从生理学的需要(不同的热量)
4. 从进化的观点考虑(在进化途中居于顶峰)
5. 从自然选择学说看(风媒花、虫媒花)
6. 从人工选择看

师:(巡回)我们看对不对,看看有没有不恰当的?(指板书)好,请大家看。××同学刚才边看边列出这样的提纲,大家评论一下,看对不对?

生 19：他的第二个字写错了，就是"从物理学原理"这个"原"字不规范，不应该简化。

师：可以这样写吧？

生（多数）：不可以。

师：不可以这样写，这个不规范（红笔修改"原"），还有——

生 19：热量的量也不对。

师：不规范（板书：量），请坐。

生 20：还有一个写得不是最全面，就是第一点从物质基础说明，应该是从花的物质基础说明。

师：为什么？

生 20：因为物理学原理是不会改变的，而这儿的物质基础呢，它有不同物质就有不同物质基础，所以说前面应该注明"花的"物质基础。

师：好，这讲得非常好，它一定要有限制语是"花的"（板书：花的）物质基础，好的。还有什么？

生 21：我觉得这儿他写的是"花儿为什么这样红"，他要讲的是为什么是红色的，而胡萝卜素变出来的颜色是橘黄色的，和这个没有关系。

师：这个问题我们可以留着。

生 22：还有就是风媒花和虫媒花的媒写错了，应该是"女"字旁。

师：（笑）这是别字（修改"媒"），还有没有？写字的时候，汉字的写法，它的顺序是什么？从左到——

生（集体）：右。

师：从上——

生（集体）：到下。

师：从外到内。大家刚才在看书的时候，可能有的字没有注意，哪个字？

生(部分)：胡萝卜素。

师：胡萝卜素的哪一个字？

生(部分)：萝。

师：萝，××先写了下面再写上面,汉字的书写顺序要注意。好,其他的怎样？基本可以。当然我们也可以用别的方式来表达,比如"从花的物质基础",破折号,应该加什么？

生23：有花青素、胡萝卜素。

师：对,主要是花青素(在"花青素"前加"主要是"),"从花的物质基础"破折号"花青素"来说明,可不可以？下面同样"从物理学原理解释",破折号后面应该用什么词？

生(部分)：光波。

师：光波或者用什么？

生(部分)：光学原理。

师：光学原理。还有一个词,它这个颜色主要是——

生(部分)：反衬。

师：反衬。

生(部分)：还有"直射"。

师：直射。反射可不可以？从物理学原理的直射和反射来解释这也是可以的。"从生理学的需要"(板书：不同的热量)用个破折号,可以用什么？

生(部分)：热量。

师：看看热量前面还有个什么？

生(部分)：所含热量。

师：所含热量,破折号,含热量来解释。前面有"说明""解释",这里有"考虑"、(指板书)有"看",唯独这个地方没有了,从生理学的需要来说明,××漏掉了,前面都是从哪里来"考虑",从哪里来"解释",这个地方应该加一个来"解释",或者是来"说明"(板书:来解释),它就比较整齐了,对不对?从人工选择看,我看同学们都画对了。句子都画对了,我要提问题了,为什么你们能够一看就准?有时候我们不容易找准。(学生纷纷议论)等等,第一个问题,为什么你们能够一眼就看准了?第二,这几个方面的说明是按照什么结构来组织说明材料的,从几个方面来说明"花儿为什么这样红"?

生(部分):六个。

师:六个方面,请看,这六个方面说明的材料作者是按照什么结构把它组织起来的?思考这个问题的时候千万不能停留在问题的表面,用一两句话回答,这个结构里面有很多逻辑关系,因此你不能只见其一,不见其二,他究竟是怎样来组织的?我们先解决这两个问题。为什么一眼就能找准的?

生24:因为每一个方面的说明都用"花儿为什么这样红?"这一句开头。

师:你们是不是跟他的想法一样?

生(多数):一样。

师:对,每一个方面说明的开头都是用"花儿为什么这样红"的设问句。文章第1段用设问句提出问题的时候,是设疑(板书:设疑),让我们思考。接下来就要解疑了,要说明花儿为什么有不同颜色,解疑(板书:解疑),解疑就一定要眉目清楚,说明文要说得怎样?

生(集体):明。

师:明,要清楚明白,说而不明就不能达到目的,所以要说明。在这里继续用设问句来解疑,从六个方面来告诉我们。因此是条分——

师、生(集体):缕析。

师:条分缕析,一目了然。除了在说明方面有这样的作用以外,再想一想看,它是科学小品,具有文艺性,因此它每个方面这么说——花儿为什么这样红？首先它的物质基础——花儿为什么这样红？还需要用物理学原理来解释——花儿为什么这样红？你们感觉到一种怎样的美啊？

生：诗的美。

师：诗的美，××说是诗的美。

生：整齐。

师：讲得很好，你说，给人一种什么感觉？

生25：整齐的感觉。

师：给人以整齐美，它不仅提示我们，注意，我要从这个方面来解释，不仅是条分缕析提出问题，而且给我们读者以整齐美，我再说一句，花儿为什么这样红？"首先什么"？花儿为什么这样红？"还需要什么"？花儿为什么这样红？还给人一种什么美？讲了几次？

生（多数）：六次。

师：六次，有这样一个词，一而再，再而三，三而四。

生（部分）：反复美。

师：反复美，回旋美。因此它不仅给我们读者提示我要从这个方面来说明，我要从那个方面进行科学的解释，而且给人们一种整齐美和回旋美。这个问题比较好解决，接下来就请你们讲讲，这说明的材料是怎样结构的？说说看谁知道？

生26：这些材料都是用横式结构，从外表到内里这样的结构来写的。

师：都是用横式结构来说明材料的，对不对？并列的对不对？并列的横式结构。

生27：都是横式结构，但有主有次。

师：横式结构里面又有主有次，你继续说。

生27：首先物质基础这一部分是主要的，还有物理学原理，生理上的需要,进化的观点,都是次要的,达尔文的自然选择这个地方,风媒花和虫媒花又是主要的,再后的人工选择也是次要写的。

(部分学生议论纷纷)

师:又有不同意的了。你说怎么不同意?

生28:我认为人工选择是重要的。

师:这是重要的。

生28:这个在最后一段说。

师:最后一段说什么?

生28:花儿为什么这样红是大自然的杰作,更是人工培育的成果。

师:更是人工培育的成果,因此是重要的。这里有两点,刚才大家说,一个就是以并列式的横式结构来组材的,这一点大家同意吧?而且从花的物质基础、物理学原理、生理方面的需要逐一分类说明(板书:分类说明),这个是横式结构,这是第一个要点,大家清楚了;第二个要点,这里是有主有次的,同不同意?哪一个部分的科学说明是这篇文章说明的核心部分?第几个?第一个,对不对?第一部分用了几个段落来写的?

生(部分):三个。

师:三个段落,因此第二个要点是有主有次,这个也很清楚了,主次分明(板书:主次分明)。但是,光看到这一点还不够,请同学们再看,还有怎样的结构?我不知道×××解答问题的时候有一句话同学们听到了没有,他说横式结构的同时是由外到内的,你们同不同意?是不是由外到内?

生29:应该是由内到外的,从花的内部因素说到外部因素。

师:哪几个是花的内部因素?

生29:前面三个是内部因素,后面三个是外部因素。

师:前面三个是内部因素,后面三个是外部因素,同不同意?(板书：内部因素）。到底是几个？谁来纠正？

生30：前面四个应该都是花本身的因素。

师：为什么第四个也是花本身的内部因素里呢？

生30：因为它是进化。

师：对，从进化的观点考虑，还是花本身的情况，而第五、第六个呢？

生30：是外部因素。

师：是外部因素，从自然选择和人工选择，风媒花和虫媒花来看，还有就是人工培育，因此它是外部因素，（板书：外部因素）。所以在说明的时候有一条是什么，从什么说到什么？

生（部分）：从内到外。

师：从内到外（板书：从内到外），从内部因素到外部因素，这在结构上又是一个特点，不是混乱的，说了一条内部因素，再来说一条外部的，然后再讲一条内部的，再讲一条外部的，而是先把内部的因素说清楚，然后再从外部的因素来解释，这样就一清二楚了。结构上还有一个特点，从整体看都是横式结构，并列的分项说明很清楚，但是每一个部分里面是否都是横式的？

生（部分）：不是。

师：不是的，有横向的还有什么？

生（部分）：纵向的。

师：纵向的，那么请你说说看横向的是哪几句？纵向的是哪几句？（板书：横向纵向结合）横向跟纵向的能够说明吗？前面讲的这个花的物质基础是什么？

生（部分）：横向。

师：这个是横向的很清楚，那从什么地方开始是纵向的呢？×××讲讲看。（指定学生）

生31：从第四个开始。

师：第四个开始，好，你继续说。

生 31：从花的进化的观点来考虑的话，就是说——

师：你讲得对，胆子大一点。

生 31：就是花色它是以绿色为起点，一端是向长波方面发展，另外一端是向短波方面发展，红色花在进化过程当中属于顶峰。

师：请坐。植物开始出现的原始形态的花是什么？

生（部分）：绿。

师：绿的，裸子植物，后来呢？是什么植物？

生（部分）：被子植物。

师：请看第 8 段，从达尔文的自然选择学说来看，纵向的结构就更清楚了，请大家找一找表现时间的词，第一个是什么？

生（部分）：亿万年前。

师：亿万年前，第二呢？

生（部分）：在悠长——

师：对，在悠长的岁月中。因此，它是按时间先后来说明的，所以说它是纵向结构。我们读书的时候不能只知其一，一看好像很清楚了，它就是并列式的横向结构，其实这里还有很多奥妙。它有整体上的分项说明或者分类说明，但是在说明的时候又有主有次，同时，它们有的是花的内部因素所形成的，有的是外部因素；在横向结构当中，有些段落比如第 4～6 段就是从纵向说明的。因此，这篇说明文在材料的结构上井然有序，我们读书不能只看到某一点。现在我们来看一看，"花儿为什么这样红"最重要的核心部分，首先看它的物质基础"花青素"，请大家把有关的语句读一读，"花青素"是怎样的？跟色彩是什么关系？"当它是酸性的时候"预备——起。

（生齐读）

师：因为这花青素里本身就有生物碱和有机酸。我们请一个同学来做个试验看看,这是碱的浓液(手拿试管),这也是碱,这是清水,这个是酸(手拿试管),我们把这酸倒下去做两个试验,花瓣(拿给学生看),现在请一个同学来做,为了反应得快一点,把这个花瓣揉一揉,我们看看是不是这个样子,它的颜色碰到酸碰到碱,会有不同的反应。

(生32在讲台上做实验)

师:这个是水,就可以有个对比。这是碱,变了吗?好,你给大家看一看。

生32:(巡回给大家看)这个花瓣都变紫了,还有的放在酸里面变红了,变得更红了。

生(部分):哪个是酸?左边还是右边?

生32:这是酸,愈加红了,这是水。

生(部分):对的。

师:好,我们从这里可以看出,为什么花的颜色会有各种不同的表现呢?这里头有物质基础在起作用,它的物质基础最重要的是什么?

生(部分):花青素。

师:酸碱反应,它本身有有机酸,有生物碱,我们刚才放在不同的溶液里面?放在酸和碱里它就呈现不同的颜色,由此就讲到黄色的花,它里头有胡萝卜素,这是最典型的,至于白花,那是因为什么?细胞液里——

生(部分):不含色素。

师:不含色素。一句话就带过了。请同学们注意,这是重点在说它的物质基础花青素,酸碱反应,然后说明黄色、橙色的花是胡萝卜素,白花就带了一笔,都是讲了一般的情况,但是对事物的科学说明要比较周到,除了一般的例子之外作者还怎样?

生(部分):举特例。

师:特例,在第几段?

生（部分）：第4段。

师：有一种变色的特殊例子，变色的木芙蓉，早晨初开的时候什么颜色？

生（部分）：白色。

师：中午。

生（部分）：淡红色。

师：下午。

生（部分）：深红色。

师：一日三变，越变越美丽，其他的我们有没有知道的？能够举例子吗？变色的花有吗？不太知道，比如棉花，花开的时候是——

生（部分）：黄的。

师：黄的，我们有的同学不知道，后来呢？

生（部分）：白的。

师：白的不是花，是果，等到它要枯萎的时候，棉花就不是黄色了，有的时候是红一点的颜色，有的时候是紫一点的颜色，它也变色。又比如杏花，开的时候也是，开始打朵子的时候是比较红的，到后来基本上是白的，什么道理？谁在起作用呢？花青素。花的物质基础使花呈现各种颜色。这是最重要的因素，因此作者用好几段文字来加以说明，如果这个问题说不清楚的话，后面的问题能说清楚吗？你们看从物理学原理来解释的话，它主要是看光波的长短，如果没有把花青素这一条讲清楚，后面这一条说得清楚吗？

生（部分）：说不清楚。

师：说不清楚。那么从生理学的需要，从含热量来解释，解释得清楚吗？也解释不清楚。因此，从这里我们就领悟到一条道理，就是说明事物的时候，所安排的顺序要符合事物本身的规律，说明事物的顺序不是信手拈来的，怎么写怎么说都可以，要符合事物本身的内在规律，这样就条理清晰,主次分明。清楚了吗?复杂的花的颜色,万紫千红,我们讲百般红紫斗芳菲,这道理是比较抽象的,要把这抽象的道理说得具体明白,势必就要接触到许多说明方法,刚才我们就接触到什么说明方法?

生(部分):分类。

师:分类,还有——

生(部分):举例。

师:举例。我们再看一看,比如第5段从物理学原理来解释,它先说什么呢?"太阳光经过三——"什么?

生(部分):棱。

师:"三棱镜或水滴的折射,会分成红、橙、黄、绿、青、蓝、紫七种颜色,这七种颜色的光波长短不同,红光波长,紫光波短"。这是讲什么?由一般的科学原理,再进而讲什么?酸性的怎样?中性的怎样?碱性的怎样,这就叫什么?

生(部分):分类。

师:分类具体说明,先说一般的原理,再分类具体说明,这又是一种方法。再如第10段,花儿为什么这样红?最后归功于人工选择。请你们读下面的两句话,自然选择进程缓慢,读这两句话说明这里用的什么说明方法,预备——起。

(生齐读)

师:这用了什么方法?

生(部分):对比。

师:对比,或者叫比较的方法来说明人工选择大大加快了选择的进程。接下来,为了证明这个论断是正确的,说明的道理是科学的,用了什么方法?

生(部分):举例。

师：举了几个？

生（部分）：两个。

师：两个？连续举了几个？

生（部分）：三个。

师：第一个是什么？

生（部分）：牡丹。

师：是牡丹的人工选择。第二——

生（部分）：大丽花。

师：第三——

生（部分）：虞美人。

师：举了一系列的例子来说明人工选择的进程远远超过自然选择，这是加强了说明的说服力。综上所述，我们可以看到，要把抽象的道理说得一清二楚，它必须要借助于科学的说明方法。刚才那几种清楚了吗？自己脑子里头归一下。最后我要问一个问题，这篇文章明明是说明花的各种颜色形成的原因，为什么要用"花儿为什么这样红"来做标题呢？

生33：文章在讲述进化论观点的时候，讲到"红色的花可以说在进化过程中居于顶峰，最鲜艳，最耀眼"，它是整个花的颜色的顶峰，所以——

师：所以用这个标题。

生33：它是最有代表性的，所以用花的红色来做标题。

师：他是从第7段看出来的，进化论的观点，因为红色的花在进化过程中居于什么啊？

生（部分）：顶峰。

师：顶峰，所以他认为这个更有代表性。还有补充吗？

生34：我觉得这里是就一点来写全部。

师：就一点来写全部。

生 33：用具有代表性的红色来写各种各样的颜色所形成的原因。

师：由点到面。刚才同学们讲的这几点是很有道理的，请同学们看，我们平时讲花红——

生（部分）：柳绿。

师：或者红花绿叶，因此红是花的特征，最具有代表性；从进化论的观点来看花，它又是居于顶峰的。我不知道同学们是不是听过这么一首歌，《花儿为什么这样红》，电影《冰山上的来客》的插曲，花儿的红色对人们是最有吸引力的，它最有代表性，人们又很熟悉这个歌词，因此用这个标题就特别的醒目；但是花红毕竟是花众多颜色中的一个点，而科学说明要涉及整个的面，因此由花红的点扩展到面，把它放在花的历史进程的广阔背景上理解，所以不仅有横向结构而且有纵向的结构，放在进化的进程上来看，放在自然选择的进程上来看，这样就把花颜色的变化说清楚，就不仅仅使人觉得是静止的，而是觉得是动态的。这样的写法就使内容很丰富，不光是广度上，而且对各种花涉及深度，放在花的进化历史进程当中看，既有广度又有深度。你们觉得这篇文章说明得是否清楚？除了这个之外，最后他总结了"花儿这样红，是大自然的杰作，更是人工培育的成果"。除了这之外，还有什么道理吗？

生（部分）：有的。

师：好，你说说看。

生 35：还有的道理就是要从微观上来解释。

师：这是从什么上来解释的？

生 35：这主要是从客观上来解释，特别是这篇课文的作者，主要强调了自然选择和人工选择，强调达尔文的进化学说，不过根据在生物学原理基因是可以跳动的，它是可以由一个细胞——

师：基因是可以跳动的。（板书：基因）

生35：一个细胞跳动到另一个细胞,因此就产生了一种基因突变,如果这种突变的基因是专门对这个物质的颜色起作用的,那么它的颜色就会发生一点改变,经过许多次这样的突变,它的颜色也就变了。

师：课前,×××同学(指生35)曾经跟我说了这个问题,他说这篇文章是讲得比较清楚,但是还不能完全说明问题,因为基因是可以突变的。所以我说,这是科普读物,它是普及科学知识,普及科学知识和专门学问相比怎么样？还有一段很长的距离,科普读物是引我们入门,至于要进一步了解事物的内在奥秘,还得深入学习,×××的这种深入学习的态度很值得提倡和赞扬。这节课我们就上到这里,接下来,请你们自己看,课文每一段的具体内容没有讲,同学们看得懂,我们到校园里面去观察,分三个组,请你们根据观察情况加以解释。

第 二 课 时

师：现在到校园里来实地看一看,就是怎么对花的颜色的形成来进行科学的说明,现在我问问题,你们回答。对面是桃花,这花是红色,请你们回答,这桃花为什么是红色的？你从花的物质基础回答(指定一位学生)；你呢,是从花的物理学原理(指定一位学生),你是从花的生理上的需要来回答(指定一位学生)。好,先听他们三个人回答是不是对,你说为什么桃花是红色的？

生1：这由它的最基本的物质基础决定。从它的组成结构来说,它是由花青素组成的,花青素当它是酸性的时候,是呈红色的,当它呈碱性时,就是蓝色。

师：我问的是为什么它是红色的？你要对准了回答。

生1：因为这时花中的花青素是酸性的,酸性愈强它就愈红,这时候的酸性是比较强的,所以呈现于我们眼帘的是红色的花。

师：好，你说。

生2：因为太阳光一般可以呈红、橙、黄、绿、青、靛、紫。

生（议论）：蓝、紫。

师：青、蓝、紫，或者叫青、靛、紫。

生2：红波是最长的，紫波是最短的，由于花里面有花青素酸性，花青素就把红波传给我们的眼帘，由于它是最长的光波，所以我们看到的这花是红色的。

师：好，你从生理学的需要来讲。

生3：从生理学需要来说，光波的长短不同，它所含的热量也是不同的，红、橙、黄色所含的热量是比较大的，所以当它热量很大的时候，这朵花就呈红色，相对少一点，就会呈现蓝色或其他颜色。

师：请大家把书翻到课文中看一看，生理上的需要。为什么光波长短不同，所含热量也不同：红、橙、黄光波长，含热量多；蓝、紫光波短，含热量少。花蕾的组织，尤其是花瓣，一般都比较柔嫩。为什么红、橙、黄这些花，往往生长在阳光强烈的地方，是什么道理？

生（议论）：因为它能够反射长的光波。

师：能够怎么样？你说为什么能够在阳光很强的地方？（指定学生）

生4：在阳光强的地方，它能够把含热量比较多的长光波反射出去。

师：反射出去为什么？起什么作用？

生4：起保护作用，不至于受灼伤。

师：对，这就不至于被热量烧伤、灼伤，相反的有些花呢？（师示意学生讲）

生5：像紫花。

师：紫花。

生5：兰花。

师：兰花。（师示意学生讲）

生6：它的反射的光波比较短。

师：比较短。

生6：它就能够吸收一部分的热量。

师：那么我们回过头来看，这是什么花？

生（部分）：紫藤花。

师：紫藤花，请你说说看，紫藤花为什么呈紫色呢？从花的物质基础来说。（指定学生）

生7：因为它呈碱性。

师：对吗？

生（议论）：中性。

师：是什么性？

生（议论）：中性。

师：是中性的。那这个花，它是棕色的，这里面是有什么素？

生（部分）：胡萝卜素。

师：胡萝卜素。因此，花的物质基础对花的颜色的形成是很起作用的。我们再想想看，这地方有白色的花，你们说说看，它的物质基础是什么？

生（部分）：不含色素。（部分）不含花青素。（部分）也不含胡萝卜素。

师：不含花青素，也不含胡萝卜素。×××，我来问你一个问题，比如我们这里是五彩的花，请你按照光波，排列一下，它的起点是什么？比如有红的，黄的，白的，蓝的，紫的，你跟大家讲讲看应该是怎么排列？

生8：应该是从蓝的开始，蓝是最低级的。

师：蓝是最低级的，大家看对不对？

生8：蓝色的后面有——

师：接下来是什么光波？

生8：接下来是紫色。

师：对不对？大家看按照长短。

生8：再接下来是黄色的。

师：黄色的，对不对？

生8：再接下来是橙色的，最高的是红色的。

师：红色是居于顶峰，还有呢？绿色的在什么地方？

生（部分）：绿色是在黄色前面。

师：黄色前面，那么应该怎么排列？

生8：应该是——

师：哪个是起点把它放在当中。

生8：绿色是起点。

师：起点。然后向两边、向高的一边。

生8：高的一边就是黄、橙、红。

师：高的一边是黄、橙、红，向低的一边？

生8：蓝、紫。

师：还有呢？

生8：蓝、靛、紫。

师：蓝、靛、紫，对不对？好，这个排列是对的，所以要从物理学的原理来说明花的不同的颜色，这也是很重要的一个科学根据。现在请同学们回忆一下，有的花也是没有颜色的，但是在凋谢的时候有颜色了，你们说是什么花？比如秋天有什么花？

生9：菊花。

师：菊花。菊花开的时候——

生9：白色。

师：白色的，到了凋谢的时候呢？

生9：有点红色。

师：（学生举手）××讲。

生10：茉莉花开的时候——

师：请讲普通话。

生10：茉莉花开的时候是粉红色的，凋谢的时候有一些粉红色。

师：茉莉花开的时候是——

生（部分）：白色。

师：白色的，凋谢的时候有些——

生（部分）：粉红色。

师：粉红色的，请你们说明原因，为什么它们会变色？

生（部分）：物质基础发生了改变。

师：物质基础发生了改变，就是花青素的酸碱发生了变化，那么花青素酸碱，又是根据什么发生变化的？跟什么有关系？跟太阳、跟温度、所处的环境。

生（部分）：生长。

师：根据生长的情况，就会有变化，是不是这样？现在请你们举一个例子说说看，说明文经常要举例说明问题，现在请你们举个例子来具体说明。比如这个花（指着一种花），你们举一个例子来说明它的颜色形成的某一个科学方面的道理。我们学了好几个方面了，你们任选一个，说说看。

生11：从花青素来说，它这个时候是呈中性的，它就呈紫色，而且它现在有一点发白，微微的紫色，它现在的这种颜色，就不完全是中性的。

师：不完全是中性的，紫中带什么？

生11：白色，色素是比较淡的。

师：色素是比较淡的。

生12：他说酸性的碱性的不应该从这个方面来讲,紫的含一点白的,就说明它里面含花青素比较少,所以它就是比较淡的紫色。

师：补充对不对？对的。现在来认花的颜色,并且自己来作科学说明。大家看那边是红的桃花,那是紫的紫藤,这里是黄花,我们背后是白的花,后面还有很多蓝色的蝴蝶花,现在请同学自己提问题来问。你先说一个,随便你问,点到哪个哪个回答。(其他学生抢着要先问)他要先问。

生13：这儿开的黄花,但是有的花里面夹一些白色的。

师：等一等,哪里？

生13：这儿是黄的。这儿是白的(指着前面黄白相间的花),这是什么原因？请你回答？

师：×× 回答,为什么是黄色？

生14：有胡萝卜素在里面,就呈现黄色了；现在有白色的,就是胡萝卜素渐渐地褪色了。

师：大家看对不对？

生14：所以有点呈现白色,不含有色素,一半是有胡萝卜素,一半是不含有色素了,是黄白相间的。

师：对不对？×××讲得对不对？

生(部分)：对。

师：那么黄白相间的这朵花是在什么情况下才发生的？

生(部分)：要枯萎的时候。

师：这问得很好。(指生13)你再问。

生15：蝴蝶花是紫黄相间的,为什么它一半是黄颜色的,一半是紫色的？×× 你回答。

师：你要限定一下,从哪个方面来作科学的说明。

生15：从这蝴蝶花的物质基础加以说明。

生16：因为它有胡萝卜素,又有花青素,所以它是黄紫相间。

师：又有胡萝卜素,又有花青素,对不对? 怎样回答更清楚一些?

生（部分）：花青素呈中性的。

师：花青素呈中性的,另外黄的是因为——

生（部分）：胡萝卜素。

师：所以它们在一起可以怎么样? 蝴蝶花有的时候五彩缤纷的。

生（部分）：对,有各种各样的色素在里头。

生17：我想就是——

师：另两位听好哦。

生17：就是这个花为什么紫色又时而夹白。

师：你看一看,紫色的花为什么里面夹着白的?

生18：花呈紫色,从哪个方面?

师：从哪个方面? 这句话很好,你从哪个方面?

生17：从物质基础来说。

生18：从物质基础来回答,因为有花青素,花青素呈中性所以它紫色,还有它白色呢,因为是缺乏色素,所以呈白色。

师：缺乏色素,对不对? 不含色素,就是当花要凋谢的时候,它的色素没有了,有的刚刚开的时候是紫的,颜色是比较深的。刚才讲的都是物质基础,你们从光波的角度讲讲看,你说看到三棱镜是怎么样? 给大家看一看。

生19：看得出的,这是光波。（手拿三棱镜给同学看）

师：你们从光波,就是物理学原理方面来问一问花的颜色是怎么回事情,好,哪个同学设计一个问题? ×××设计,（指定学生）光波。还看书?

生20：还没有想出来。

师：还没有想出来？谁想出来了？设计一个问题问同学,光波长短应该怎么理解？这个红的花(指着一朵红颜色的花问),刚才同学们讲得比较多的是物质基础,你从物理学的原理来说为什么是红的？××说。

生21：红颜色的光波长,桃花里面所含花青素反射红的光波,因此映入我们眼帘的花是红色的。

师：对不对？再解释一下看,从含热量的多少看。

生21：桃花中的花青素反射了含热量多的红光,是保护自己在灼热的阳光下不被烧伤。

师：对不对？

生(部分)：对的。

师：我们看有些花,它是在比较阴暗的地方,在这阴暗的地方——

生(部分)：热量少。

师：哪些颜色比较多？

生(部分)：蓝色、紫色。

师：蓝色、紫色你们能够举个花名吗？

生22：虞美人。

师：虞美人为什么会在这个地方生长得比较多呢？

生23：蓝色的花因为反射的光波少,反射的热量也就少,它如果在灼热的阳光下,反射不出这么多热量,就容易被灼伤,所以它长在阴暗的地方保护自己。

师：好,我再问你们,这棵是什么树？

生(部分)：黑松。

师：这棵松树,我们从进化的观点来看,这是属于什么植物？

生(部分)：裸子。

师：裸子植物对不对？对。为什么叫裸子？谁能讲？

生（部分）：果实在外。

师：果实在外面，没有什么？

生（部分）：没有包裹的东西。

师：没有包裹的东西。这个裸子植物是植物最什么的形态？

生（部分）：最原始的。

师：从进化的观点来看，到后来它变为我们经常看到的，例如桃树，那是什么植物？

生（部分）：被子。

师：被子植物。那么红的花在进化的过程中排列起来，最早的花是什么颜色？

生（部分）：绿色。

师：平时我们讲的什么啊？红花——

生（部分）：绿叶。

师：绿叶。

生（插问）：绿花有吗？

师：有的，最早的花是绿色，进化到红色已经属于什么？

生（多数）：最顶峰。

师：最顶峰。如果我们说这个地方有的是红的，有的是黄的，有的是蓝的，有的是白的，等等，请你们按照光波排列应该怎样？

生（部分）：红、黄、蓝、靛、紫。

师：红、黄、蓝、靛、紫，对不对？红、黄——

生（部分）：红、橙、黄、绿、蓝、靛、紫。

师：按照光波来排列，它应该是这样排列。好，现在请你们举个例子，你说。

生24：桃花，市面上看到两种，一种是粉红色的，一种是桃红色的不会变的。

师：不会变的？

生24：两种颜色的。

师：桃花有几种颜色啊？有的深一点，有的浅一点的。变色的谁能够举个例子？

生25：月季花好像也有变色的。

生（部分）：对。

生25：开的时候有点粉红，到全部开的时候就变大红了，这种就是变色的。

师：对不对？月季花我们学校是很多的，是这个样子的。有的花本来是白色的，后来有点红了，你们说说看，我们在校园里最常见的是哪一种？

生（部分）：白色变红色的。

师：白色的，可是等到它要凋谢的时候，萎谢的时候为什么会变？

生（部分）：有少量花青素。

师：因此这花青素是不是一成不变的？

生（部分）：不是。

师：并不是一成不变的，那么它经常根据什么来变？

生（部分）：阳光。

师：阳光。

生（部分）：空气。

师：空气？（笑）时间。

生（部分）：季节、气候。

师：温度，根据自然环境。其实我们在课上做的一个实验，就是花青素本来它是什么性的？红色的。

生（部分）：酸性。

师：可以使得它更深，但是到碱性里面，变成什么？

生（部分）：蓝色的。

师：蓝色的。因此我们就可以知道花青素不是一成不变的,它不仅根据温度、阳光来变,还根据什么变?讲讲看,刚才讲环境,比如种在这土里头。

生(部分)：土壤条件。

师：噢,土壤条件。

生(部分)：有酸性、碱性。

师：有酸性土壤,有碱性土壤,它也可以变,不断地变颜色。×××讲的基因突变的问题,实际上是一个很重要的研究问题,比如我们平时种的马铃薯在北方就怎么样?

生(部分)：很大。

师：很大,到南方就怎么样?

生(部分)：小。

师：其中很重要的条件就是什么?

生(部分)：土壤。

师：土壤,还有什么?

生(部分)：柑橘。

师：柑橘。

生(部分)：《晏子使楚》。

师：《晏子使楚》里讲的一个故事,对吧?你说说看,就是橘子在什么地方?

生 26：在淮河一带。

师：说不清楚了,再去找有关的书读一读。这里说明一个什么问题呢?就是土壤的条件也是很重要的。今天我们学的《花儿为什么这样红》,其实可以从这个问题思考到其他的问题,不仅是花的问题,它包括叶的问题,果实的问题,甚至植物整个生长和变迁的问题。好,今天我们就讲到这里。

《少年中国说》课堂实录

时间：1985年1月6日下午第一、二节课
执教：杨浦中学　于　漪
班级：初三(4)班

第 一 课 时

师：在庆祝中华人民共和国成立35周年的时候，我们曾经沉浸在兴奋和欢乐的海洋之中。特别是10月1日，天安门前阅兵的军威，更使我们激动不已，用我们同学的话来说就是：太好了！值得自豪，值得骄傲！可你们在激动之余，思考过没有，旧社会是怎样的一幅情景？请回顾一下1840年到1900年，在那时候我们中华民族所遭受的灾难，请大家根据学过的中国近代史，想一想看，有哪些帝国主义国家入侵我国？签订了哪些不平等的条约？谁来说？

生1：1842年的中英《南京条约》，还有就是1901年的《辛丑条约》。

师：《辛丑条约》是什么战争以后定的？

生(部分)：是八国联军入侵北京。

师：知道吗？(学生举手)×××，你补充。

生2：是八国联军入侵，清朝兵败以后签订的《辛丑条约》。

师：兵败后签订了《辛丑条约》。

生2：还有就是1860年的《北京条约》。

师：1860年的《北京条约》。

生2：还有《南京条约》。

师：什么时候？（生议论）知道吧？1842年。

生2：还有那个中日《马关条约》，1895年签订的。

师：1895年签订的《马关条约》。

生3：还有1844年吧，《黄埔条约》。

师、生（集体）：中法《黄埔条约》。

生4：1858年的中法《天津条约》。

师：好，还有别的吗？中国近代史学过的。

生5：1858年的中俄《瑷珲条约》。

师：中俄《瑷珲条约》。

生6：1881年的中俄《伊犁条约》，还有1896年《中俄密约》。

师：同学们，从1840年英帝国主义用大炮和鸦片轰开了大清帝国的大门之后，帝国主义列强处心积虑地要瓜分吞噬我们国家的大好河山，刚才我们稍微回顾一下就可以看出来，凡是帝国主义入侵以后，都签订了不平等的条约，一个个不平等的条约，就是我们丧权辱国的标志，人民处在水深火热之中，凡是有爱国心的人，当时都在寻求什么？

生（部分）：救国救民。

师：寻求什么，凡是有爱国心的人？

生7：寻求救国救民的真理。

师：寻求救国救民的真理，维新变法就是其中的一条。请你们回顾一下，维新变法的代表人物是谁？

生（议论）：康有为。

师：康有为。

生（议论）：梁启超。

师：梁启超。

生（议论）：谭嗣同。

师：谭嗣同。

生（议论）：还有维新六君子。

师：对，还有维新六君子等。康有为与梁启超什么关系？

生（部分）：师生。

师：康有为是梁启超的——

生（议论）（部分）：学生。

生（部分）：老师。

师：学生？哪个是老师？

生（部分）：康有为是老师。

师：对，康有为是老师。1898年戊戌变法失败，失败以后梁启超逃到哪里？大家知道吗？

生（部分）：日本。

师：对，逃往日本，那时候，他人虽然是身在异乡，但是心还是眷恋祖国，他朝思暮想的就是祖国怎样繁荣富强，因此，他写下了有名的《少年中国说》。今天我们要学这篇文章，请同学们把教科书打开到第174页，《少年中国说》，写这篇文章的时候是1900年，你们算一算看，当时梁启超多少岁？

生（部分）：27岁。

师：27岁是满腔热情、意气风发的时候，尽管变法失败了，但他那颗热爱祖国的心始终不变，所以他用诗和论相结合的语言，写下了这一篇热情磅礴的论文，叫《少年中国说》。《少年中国说》一共有十段文字，节选到课文里的是开头两段和末尾一段，这三段是文章的精华部分，而且这三段合起来也可以独立成篇。这篇文章是文言文，但是文字很浅近。尽管浅近，可能我们读的时候还是会有些不理解的地方，现在请同学们把你们预习当中不能解决的问题,特别是字词方面有什么问题,举手提问,有没有不理解的问题?

生8:梁启超这篇文章在第2段里写:"惟苟且也故能灭世界,惟冒险也故能造世界。"这里的世界我认为是指中国的意思,但是这里为什么要写世界呢?写中国不是更加明确一些吗?

师:请坐。这个地方注意一下。"惟苟且也故能灭世界",这个"也"是句中停顿,所以不能读"惟苟且——也故能灭世界",而要读成"惟苟且也——故能灭世界"。这个问题问得很好。

生9:这篇文章是以人之老少来比喻国之老少的,并且这一点在整个文章里都体现了,那么作者这样写是出于什么目的?是为了说明什么?

师:他预习的时候看出来的,是以人之老少来比喻国之老少,通篇都是这样,那么这样写是出于什么目的?这是从写法上来提问的,其他文字上还有什么问题?

生10:在文章的第3段有一段文字,用了大量的排比,但是这段文字读起来并非容易的事,怎样才能疏通这段文字?

师:他认为第3段,作者用了大量的排比,但读起来很不流利,用什么样的办法才能疏通这段文字?你是指整个第3段,还是第3段里的某些句子?

生10:我是指从"红日初升"开始到"来日方长"。

师:到"来日方长",好,做个记号,待会儿看谁能疏通。

生11:这篇文章是梁启超写的,为什么他在文章的第1段中把自己的名字写进去,说"梁启超曰",而不用"吾曰"。

师:不用"吾曰",这个思考得很好,这篇文章本身就是梁启超写的,为什么文章还要用"梁启超曰",用"吾曰"好了,这个问题问得很好,我们没有碰到过,还有其他文字上的问题吗?我估计还有。

生12：还有一个问题，就是开头第1段说："吾心目中还有一少年中国在"。在他的想象中，中国是非常美好的，但是当时的中国是十分腐败的，他为什么要用这种和事实不符的语言呢？为什么写下这段与事实不符的语言？

师：用的是与事实不符的语言，为什么呢？大家注意这些问题。

生13：这篇课文里用了许多"惟"字是什么意思？

师：这许多"惟"字（板书：惟），到底是什么意思？

生14：在文章的第2段作者用了老年人和少年人的对比，为什么他要用老年人来写国，写老大帝国，我认为这个可以不用，不写老年人也可以。

师：不写老年人也可以，不需要用老人来比，少年人要吗？

生14：要！

师：要的。还有其他的问题吗？刚才同学们提的这些问题，我们在学习的过程中要一一加以解决，基本上要靠同学们自己解决，在学习的过程中，自己就可以逐步地解决了。现在我问大家一个问题，梁启超写《少年中国说》，主要是针对着谁写的？从全篇来考虑，主要是针对着谁写的？

生15：他主要是针对少年来写的。

师：对不对？少年中国？是针对谁来的？

生16：是针对老朽冤业写的，是中国老朽冤业。

师：在什么地方？

生16：在第175页第3段。

师：主要是针对中国老朽冤业来写的，有不同意见吗？

生17：我觉得他这里是针对，针对日本和欧西人以及老朽说的。

师：听我问题的时候一定要准确地思考回答，他认为既对日本人又对欧西人，又对老朽冤业，是不是主要针对者就是整个这么多？

生18：我认为是针对少年来写的。

师：针对少年来写的，他提出吾心目中有一少年中国在，然后论述这个少年，主要是针对什么来写的？

生18：主要是针对中国少年来写的。

师：听不清楚这个问题。

生19：主要是针对老大帝国来写的。

师：这里有分歧了，一种认为针对少年中国来写的，我问的问题是《少年中国说》这篇文章，他要表明是心目中有一少年中国在，于是他针对什么来提出我心目中有一个少年中国在的？

生（部分）：老大帝国。

师：一种认为是老大帝国，一种认为是老朽冤业（板书：老大帝国、老朽冤业）。这二者之间谁是主要的？

生20：我认为主要针对者是老朽冤业。

师：是老朽冤业，我同意××（指生20）和刚才××（指生16）的意见，老朽冤业是什么意思呢？（在板书的"业"下画圈）"业"是佛教名词。

生（部分）：罪孽。

师："冤业"是指什么？

生（部分）：做坏事。

师：做的坏事罪孽；"老朽"的"朽"是什么意思？

生（部分）：腐朽。

师："朽"腐朽，这里是指封建官僚统治所做的坏事，他们所犯下的罪孽。那么既然文章主要针对者是老朽冤业，为什么又要从老大帝国来入笔呢？我们一起来读第1段，思考几个问题：第一，为什么要从老大帝国入笔开篇；第二，从老大帝国入笔开篇表达了作者梁启超怎样的思想感情？第三，为什么这里要用"梁启超曰"，不是刚才有同学问这个问题了吗？好，现在我们一起来朗读，"日本人之称我中国也"预备——起。

（生集体朗读）

师：有几个字我要问一问，刚才大家没有问，我要看你们是不是掌握了？"一则曰"这个"则"怎么讲？

生（集体）：就。

师："是语也"的"是"？

生（集体）：这。

师："我中国其果老大矣乎"这个"其"？

生（集体）：难道。

师：是掌握了。那个"恶"字假设我读"wù"，那是什么字？

生（部分）：厌恶。

生（部分）：憎恶。

师：对，厌恶。这里是第一声"wū"，注意，"恶"是不是就是"否"？

生（部分）：不是。

师：我把它改成"否，是何言，是何言！"是不是一样？

生（部分）：不一样。

生（部分）：差不多。

师：差不多，一样吗？

生（部分）：不一样。

师：不一样在什么地方？

生（部分）：它这里还有表示感叹的意思。

师：不一样在什么地方？

生21：这里注释说，表示感叹的助词；"否"是表示反对，没有感叹的意思。

师：对，区别得很好。这里它是叹词，跟"否"有区别，好，现在自己再看一下，回答为什么要从老大帝国入笔？"日本人之称我中国也"，这个"称"怎么讲?

生(部分):称呼。

师:称呼,一则曰?

生(部分):一开口。

师:一开口就叫老大帝国,"再则曰",再开口又说"老大帝国",请同学们看看,为什么要从这儿写起呢?你怎么理解的?

生22:梁启超是从东西方帝国对我国的讽刺入笔,表现了他对少年中国的向往。

师:他是这么理解的,对不对?还有补充吗?

生23:文章这样写是从反面来表现他愤慨,表现梁启超忧国忧民。

师:表现梁启超忧国忧民。东西方帝国主义说法对吗?日本是东方,欧西人就是什么?

生(部分):西欧人。

师:就是欧洲当时的人,整个的西方就是欧西人,后来就通称欧美人。东西方帝国主义当时对我们国家称什么?老大帝国。因此他认为从这儿入笔是表达梁启超忧国忧民的感情,对吗?

生(部分):不对。

师:那怎么理解?

生24:文章的一开头他写了"一则曰老大帝国,再则曰老大帝国",这是通过日本人称我们中国,这句话讽刺了当时我们中国政府的腐败,同时也表露出——

师:讽刺,对不对?讽刺当时我们国力衰败,政府腐败。

生24:同时也表露出不满这种感情。

师:你从哪里看出来的?

生24:"恶,是何言,是何言!"

师:对!"恶,是何言,是何言!""是何言"请解释一下什么意思?

生24：就是什么话。

师：用一句行吗？

生24：这是重复。

师：这里重复，为什么要用重复？

生（集体）：加强语气。

师：加强语气，表达自己的——

生（部分）：愤慨。

师：强烈的感情，愤慨的感情，"是何言，是何言！"这里讲"一则曰老大帝国，再则曰老大帝国"，"大"，我们中国是土地辽阔，讥讽我们关键在哪个词上？

生（集体）：老。

师："老"，因此这个词"老大"本身是怎样的？这个结构——

生（部分）：偏正。

师：它实际上是偏义词，重点是在讽刺我们腐朽、衰败，就叫老大帝国，从这里入笔写起。那么梁启超怎么讲的？呜呼——唉！我中国其果老大矣乎？难道真的是老大吗？他就说："是何言，是何言！"唉，这是什么话，这是什么话！我们要同学理解的第二点，刚才大家讲出来了，用这样一个重复的语言来表达自己的强烈的感情。那么，写这段话的目的是什么？要引出什么呢？

生（议论）：论题。

师：对了，因为这篇文章题目是——

生：《少年中国说》。

师：所以从老大帝国入笔引出了少年中国的论题（板书：少年中国），引出论题，但是这少年中国，是在什么地方？刚才××讲（指生22）——

生（议论）：心目中。

师：心目中，现实是老大帝国，梁启超反对，否定了没有？

生（集体）：没有。

师：没有。他不是用"否"，而是用"恶"，这是什么话，这是什么话，面对现实，他提出：我心目中有一少年中国在。请大家看看，少年中国你们怎么理解？少年中国是怎么一个少年中国？

生25：少年中国是兴旺发达、朝气蓬勃的一个新生国家。

师：他这样理解对不对？是不是这样？

生（议论）：是的。

师：是的，这个少年中国是指兴旺发达、朝气蓬勃的国家，我心目中有这样一个国家在，那是生气蓬勃的，是前途灿烂的，生命力很旺盛的，这少年与老年一比就一清二楚，从这里我们可以看出，文章是针对老朽冤业而立论的，从老大帝国入笔，引出论题。是怎么引出来的？有谁能讲？从老大帝国引出少年中国这个论题，怎么引的？

生26：就是反其意引出论题。

师：反其意而引出论题（板书：引出论题）。尽管东西方帝国主义国家如此讽刺我们是老大帝国，但对一个爱国者来说，他心目中只有一个少年中国在，所以文章一开始就提出他向往的目标，这向往的目标就是少年中国。作者为什么向往少年中国？我们看第2段文字，它提纲挈领的是哪一句话，哪一句话把全文挈领起来了？

生27："欲言国之老少，请先言人之老少。"

师：要说国家的老少，就先请怎么样？

生（议论）：让我——

师：先让我"言"，怎么讲？

生（议论）：说。

师：谈一谈——

生（议论）：人的——

师：人的老少。这告诉我们，他为什么向往少年中国？他准备怎么样来说理？

生（议论）：比喻。

师：打比方来说。他是准备设喻论证（板书：设喻论证），通过打比方来论述他为什么向往少年中国。现在我们看他是怎么来设喻的。我先把他所论述的老年人部分读一读，你们齐读他论述的少年的部分，我们要接得紧，不要读错了。老年人在梁启超的文章里是跟什么结合起来的，你们读少年时候应该怎样？

生28：（坐位子上说）气壮。

师：气壮（笑），读得气壮，我是读（板书：老年）老年这一方面的有关句子，你们是读少年的（板书：少年），刚才××（指生28）讲读的时候少年一定要读得气壮，因此一定要读好，接得紧噢。

师（读）：老年人常思既往。

生（齐读）：少年人常思将来。

师（读）：惟思既往也故生留恋心。

生（齐读）：惟思将来也故生希望心。

师（读）：惟留恋也故保守。

生（齐读）：惟希望也故进取。

师（读）：惟保守也故永旧。

生（齐读）：惟进取也故日新。

师（读）：惟思既往也，事事皆其所已经者，故惟知照例。

生（齐读）：惟思将来也，事事皆其所未经者，故常敢破格。

师（读）：老年人常多忧虑。

生（齐读）：少年人常好行乐。

师（读）：惟多忧也，故灰心。

生（齐读）：惟行乐也，故盛气。

师（读）：惟灰心也故怯懦。

生（齐读）：惟盛气也故豪壮。

师（读）：惟怯懦也故苟且。

生（齐读）：惟豪壮也故冒险。

师（读）：惟苟且也故能灭世界。

生（齐读）：惟冒险也故能造世界。

师（读）：老年人常厌事。

生（齐读）：少年人常喜事。

师（读）：惟厌事也，故常觉一切事无可为者。

生（齐读）：惟好事也，故常觉一切事无不可为者。

师：读得很好，我们看，这里共有几组句群？

生（议论）：三组。

师：一共有三组句群，这个三组句群形成了什么样的比较？

生（议论）：连锁对比。

师：对！一个又一个对比（板书：对比），刚才我们读的是不是读出来了？老年人怎样？少年人怎样？少年怎样？老年人怎样？因此它是连锁（板书：连锁）对比。接下来请同学们把老年人和少年人分别朗读一下，就是一个同学把写老年人的论述的句子连起来读一读，另外一个同学把论述少年人性格的句子连起来读一读，其他的同学就在关键的词语上做记号，写老年人的跟少年的做两个不同的记号，清楚了没有？做两个怎样不同的记号，你自己决定；写老年人的性格的关键词语是什么？你自己确定，一种记号；写少年人性格的关键词语你也自己去确定，用一个记号，二者不要混淆。为了让同学们读起来不至于发生差错，有些词语我们还要敲一敲，刚才有同学问（指生 13），他说这一段里用了很多"惟"，这"惟"在这里什么意思？我们碰到过。

生（议论）：只。

师：好，谁讲？

生 29：只因为。

师：只因为。还有别的意思吗？我们接触得比较多的就是作为副词，是"只"。这里它不仅是"只"，而且还有说明理由的成分，所以××（指生 29）理解得对，"只因为"或者叫"正因为"。请同学们注意，"惟保守也故永旧"，这个"永旧"怎么理解？"永旧"的"永"字怎么理解？谁讲讲看，"永"是什么意思？

生 30：就是守旧的意思。

师：就是守旧。"永"是什么意思？

生（议论）：常常。

师：常常，"永"本来是什么？永远、永久，常常守旧的理解是可以的。刚才在读的时候有人读错了，（指生齐读中）"事事皆其所未经者"，这里是讲"未经者"，前面是讲"已经者"，这里的"已经"是一个词还是两个词？

生（议论）：两个词。

师：两个词怎么解释？

生 31："已经"就是"已经经历过的事"。

师：对，已经经历过的事情。它不是一个词，而是"已经经历"，我们从下面一个句子里就看出来，"未经"就是"未经历过"，"已经"就是"已经经历"。刚才有个同学读错了，"故常敢破格"，这个"破格"怎么解释？

生（议论）：破除常规。

师：对，破除常规，打破常规。老年人常多忧虑，少年人常好行乐，一般说行乐是贬义词，这儿是不是贬义？你怎么理解？行乐主要是指什么？

生 32：是指心理上乐观，对未来十分乐观。

师：对未来十分乐观。

生33：我觉得乐观应该是指性格，而不是指心理，也不是指精神。

师：他说心理讲得不对，这行乐主要是讲什么？平时我们说"行乐"是什么意思？查字典，有的已经查到了。

生34：是消遣娱乐，游戏取乐。

师：消遣娱乐，游戏取乐。不理解的时候立刻自己要查字典，他很快就查出来了。消遣娱乐，游戏取乐，但是在这里我们不是用作消遣娱乐，因为前面说老年人常多忧虑，后面就讲少年人常好行乐，是指他保持乐观。现在我们再看一看"老年人常厌事"怎么理解？

生（议论）：讨厌。

师：讨厌什么？

生（议论）：做事。

师：做事，省掉了一个动词，常讨厌做事，因此他觉得一切都是无可为者，"无可为"什么意思？"为"什么意思？

生（部分）：做。

师：基本上都理解了。我们现在请两个同学来读一读，一个同学把老年的全部连起来读，一个同学把少年的全部连起来读，不能跳错了，看谁本领大。其他的同学做记号，然后把关键词找出来，我们再请听的学生把它们连起来说。好，现在我们请一个同学来读老年的，一个读少年的。

生35："老年人常思既往，惟思既往也故生留恋心，惟留恋也故保守，惟保守也故永旧，惟思既往也事事皆其所已经者，故惟知照例(liè)。"

生（部分）："故惟知照例(lì)。"

生35："故惟知照例(liè)；老年人——"

师："照"什么？重来。

生35："故惟知照例(lì)。"

师：唉！对了，这是"例(li)"。

生35："老年人常多忧虑，惟多忧也，故灰心，惟灰心也故怯懦，惟怯懦也故苟且，惟苟且也故能灭世界。老年人常厌事，惟厌事也，故常觉一切事无可为者。"

师：就是有一点儿不流畅，其他都读得很好。

生36："少年人常思将来，惟思将来也故生希望心；惟希望也故进取；惟进取也故日新。惟思将来也。事事皆其所未经者，故常敢破格。少年人常好行乐。惟行乐也，故盛气，惟盛气也，故豪壮；惟豪壮也故冒险；惟冒险也故能造世界。少年人常喜事。惟好事也，故常觉一切事无不可为者。"

师：读得很好。你们看，这样分读下来，发现了一个什么特点？

生（议论）：鲜明对比。

师：鲜明对比。刚才已经读出来了，一个什么特点？打个比方说说看。

生（部分）：楼梯。

师：楼梯啊？

生（部分）：阶梯。

师：阶梯。

生（部分）：像环锁。

师：像环锁，好！

生37：像一个锁链一样一串串联起来的。

师：像一个锁链一样的。

生37：一层扣一层的。

师：一层扣一层的怎么样？

师、生：连起来的。

师：它本身是个什么句子？

生37：排比句。

师：排比句，对！（板书：排比）但它这个排比，又是怎样的呢？层层——

生37：递进。

师：递进的。

生37：层递。

师：层递。（板书：递进）递进排比，一环扣一环，是不是这样？我们刚刚请同学们做记号，现在请一个同学讲一讲看，你把关键词拎出来。

生38：我先讲老年人的。

师：好的。

生38：老年人是"思既往留恋"。

师：留恋。

生38：生留恋心。

师：生留恋心，好。

生38：保守、永旧。

师：不行，这样读看不出，连起来，思既往则留恋心，留恋则——

师、生38：保守。

师：对了。

生38：保守就永旧。

师：对！

生38：永旧了就照例。

师：对。

生38：照例后面另起，就是另外一对。

师：好，这是第二个句群了。

生38：是忧虑，忧虑就灰心，灰心就——

师：忧虑就灰心,灰心就什么?

生（议论）：怯懦。

师：好。

生38：怯懦就苟且,苟且就灭世界。

师：对。

生38：后面又是一段了,就是厌事,厌事就觉一切事无可为者。

师：对不对?

生（议论）：对。

师：我们看是不是这么一个特点?（手指板书：递进排比）刚才××（指生38）讲得很清楚,这三层意思,讲得非常清楚。第一层：比如它这个老人,从惟思既往讲到保守（板书：……保守……）,再由保守讲到惟知照例。第二个句群呢,是说这老年人是怎样啊?由于忧虑灰心,灰心就怯懦（板书：……怯懦……）,怯懦最终讲到就是灭——

生（部分）：世界。

师：灭世界。然后再换第三句群,从老年人厌事讲到他觉得世界上一切事情都是无可为（板书：……无可为……）,对不对?所以从这里我们可以看到：他从思想上来看是保守的,从感情上来看是怯懦的,从气概上来讲是怎么样?认为什么都不能够做,无可为,没什么好做的。而少年却是不一样,现在我们把少年的关键的词连起来,要读出递进排比的味道。这关键词连得好吗?要连得好的话,有一个词它必须怎么样?

生（部分）：重复两遍。

师：重复一遍,重复两遍变三遍了。（笑）重复一遍,我们试试看,看大家是否找准了?先看第一个句群,从思想上讲,少年人,预备——起。

生（集体）：少年人常思将来,思将来——

师：要不要这么多?

生（部分）：不要。

师：就是"思将来"，重来。

生（部分）：少年人——

生（部分）：思将来——

师：重来还要不要少年人？（笑）"思将来"，预备——起。

生（集体）：思将来，思将来——

师、生（齐）：生希望心——

生（集体）：生希望心——

师、生（齐）：进取——

师：因为——

师、生（齐）：取——

师：所以——

师、生（齐）：日新——

生（集体）：因为日新，所以常——敢——破格。（哄笑，读得断断续续）

师：对不对？很难读噢，所以步调一致是比较困难的。好，下课后自己再很好地理解一下，下一节课把它读准了。

第 二 课 时

师：上节课我们学到文章的第2段，在学习递进排比的时候，我们分析出它的三个句群，是从三个不同的角度论述，第一是从思想的角度，第二是从感情的角度，第三是从气概的角度。关于论述老年的，我们把关键的词圈出来连起来读以后，我们对文章递进排比的写法就非常清楚。现在我们再来看论述少年的部分。上节课我们没有读好，现在请一个同学把这一部分关键的词连起来读，少年究竟是怎样的？作者是饱含怎样的感情热烈赞颂？

生1：第一个句群就是：思将来,思将来就生希望心,生希望心就进取,进取就日新,日新就——

师：就敢怎么样?

生1：就敢破格。第二个句群就是：少年好行乐,行乐故盛气,盛气故豪壮,豪壮就敢冒险,冒险就能造世界。第三个句群就是：少年人常喜事,喜事就好事,好事就一切事无不可为者。

师：对不对?

生(部分)：对。

师：他都找准了。现在请大家一一找出相对应的词。

生(部分)：进取。

师：进取(板书：进取……),第二?

生(部分)：豪壮。

师：从感情上讲一个是怯懦一个是豪壮,(板书：……豪壮……)再看。

生(部分)：无不可为。

师：无不可为(板书：……无不可为……)。经过这样的连锁对比和递进的排比,就把作者对老年人和少年人的感情表露得淋漓尽致,请你们分别用两个词讲讲,对老年人采取什么态度?

生(部分)：针砭(有的读 piǎn)。

师：针砭(biān),(师生纠正学生的读音)在什么地方有这个字?

生(部分)：思考和练习。

师：思考和练习一。"砭"是"石"字旁加——

生(部分)："乏"。

师：针砭老年(板书：针砭),而对少年人呢?

生(部分)：赞颂。

师：赞颂,还有什么?

生（部分）：称颂。

师：称颂、赞颂、盛赞都可以（板书：赞颂）。赞颂少年，感情表露得非常清楚。这三组句群连锁对比，递进排比以后，作者已经把自己的感情表露得很清楚了，在这个基础上，作者接连用了四个比喻，我们看看，这四个比喻好像是水到渠成，我读本体，你们读喻体。老年人——

生（集体）：如夕照。

师：少年人——

生（集体）：如朝阳。

师：老年人——

生（集体）：如瘠牛。

师：少年人——

生（集体）：如乳虎。

师：好，最后把它归总起来："此老年与少年性格不同之大略也"，大致的情况。接下来又是一句，"梁启超曰：人固有之，国亦宜然。""固"怎么解释？

生（集体）：本来。

师：本来，人本来就是这样的，"国亦宜然"，"宜"怎么解释？

生（部分）：应当。

师："然"？

生（集体）：这样。

师：国家也应该这样，这句话跟什么照应？

生（议论）：欲言国之老少。

师：与这一段开头的一句话"欲言国之老少，请先言人之老少"。好！现在要解决三个问题：第一，刚才有同学问，说"惟苟且也故能灭世界，惟冒险也故能造世界"，××同学（指生8）认为在这个地方的世界就是指中国，为什么不明确地说中国，而说世界？你们怎么理解的？

生2：我认为是时代所限，因为当时是封建社会，封建帝王制，他不可能直接表露自己的心声，只能间接地从世界来影射这个中国。

师：是用世界来影射中国，这是他的解释。还有别的理解吗？是不是一定就是指中国？

生3：我认为就是现在指的世界，地球上整个世界。

师：就是统指世界，何以见得？

生3：因为他认为苟且的能够灭世界，如果世界上所有的人都这样的话，那么世界就不存在了。

师：就不存在了（笑），就毁灭了（纠正学生讲的）。那么少年都是——

生3：如果少年敢于冒险的话——

师：豪壮之气。

生3：就能够创造一个新的世界。

师：创造一个新的世界，因此他是指泛指世界。

生3：对！

师：有两种不同的意见，还有谁能够补充？到底是确指中国好，还是确指世界好？在这儿——

生（议论）：泛指世界。

师：在这里还是泛指世界好。梁启超所处的时代，他对世界的认识跟我们今天的认识区别很大，他这个认识跟佛教有关，这就很深奥，课上就不说了，个别的我们课下商讨。在这里面有很多这样的词眼，我在讲老朽冤业的时候我讲了一个什么字，大家还记得吗？

生（集体）：业。

师："业"是——

师、生（齐）：佛教名词。

师：待会儿到第3段还会碰到这么一个情况。好，解决了第一个问题。第二个问题,有同学讲:为什么不用"吾曰"而用"梁启超曰",在第1段里我们搁下来了,因为在这里还有一个"梁启超曰",谁能够解答这个问题?

生 4:在这里面说"梁启超曰"就表示他的尊重和负责。

师:表示他的——

生(部分):庄重。

师:庄重和负责,在现代文里我们不大看到。过去经常这样,我们将来会读很多《史记》里的文章,作者会讲"太史公曰",有的在句首,有的在句尾,有的在句中,以表示这是很庄重的。过去的文章里经常会这样写的,因为我们没有碰到过,第一次,所以这个问题提得很好。第三个要解决的问题是××同学问的,他问为什么这里要用老年人来比较?他认为老年人可以不要用,只要讲少年好了,对这个问题大家怎么看?我们上节课已经讲这里是设喻论证,(指板书:设喻论证)你对这个设喻论证,用老年人、少年人来比喻国之老少有何看法?

生 5:我认为用老年人和少年人来比喻国之老少,都不是怎么恰当的。

师:为什么?

生 5:因为少年人也不是个个都是这样,常思将来,都是非常有进取心,都是非常豪壮的。老年人也不是像梁启超所说的,都是怯懦的无可为的,所以我——我认为他这样就是比较片面。

师:他这样是比较片面的。

生 5:还有,他这是把少年人的优点拿来和老年人的缺点比。

师:他思考得很好,他认为这样论述是片面的,大家讲对不对?而作者用这样的比喻目的何在?他要说明什么问题?

生(部分):国之老少。

师:对!要说明国之老少,国之老少说起来怎么样?

生(部分)：难说。

师：难说,抽象,那么用人之老少来比喻呢?

生(部分)：比较——

师：比较具体形象。但是他这样一比就绝对化了,刚才×××(指生5)讲得非常好,把少年人的优点跟老年人的缺点比,而且是不是每个少年人都具备这些优点,而每个老年人都具备这样的缺点呢?并不如此,这是他当时的认识所限。但是我们知道,他在论述这个问题的时候,想说明他为什么向往,对不对?一开始他是从老大帝国反其意引出少年中国,点明他向往少年中国;第2段写他为什么向往,因为老年怎么怎么不好,少年怎么怎么好,对不对?这两个问题都解决得比较好,他向往,怎么把向往变成现实呢?怎么样来制造出一个少年中国呢?这就到文章的第3段。第3段这一部分,我们分两层来学好不好?第一个层次就是从"造成今日之老大中国者",先学到"少年雄于地球,则国雄于地球"。我们学这一段的时候,请同学们思考两个问题,作者在这里没有平均使用笔墨,他既写了老,又写了少,你认为他笔墨的重点在哪里?他为什么要这样写?这是第一个问题。第二个问题,在这里反复强调的是什么?他要说明一个什么问题?好,现在我们先请一个同学把这部分读一读。

生6：(读)"造成今日之老大中国者,则中国老朽之冤业也;制出将来之少年中国者,则中国少年之责任也。彼老朽者何足道?彼与此世界作别之日不远矣,而我少年乃新来而与世界为缘。……使举国之少年而果为少年也,则吾中国为未来之国,其进步未可量也,使举国之少年而亦为老大也,则吾中国为过去之国,其澌亡可翘足而待也。故今日之责任,不在他人,而全在我少年。少年智则国智,少年富则国富,少年强则国强,少年独立则国独立,少年自由则国自由,少年进步则国进步,少年胜于欧洲,则国胜于欧洲,少年雄于地球,则国雄于地球。"

师：他读得很清楚，可是后面的气势怎么样？

生（集体）：不足。

师：还不足。后面这个气势，排比的气势读得还不足。这里有几个词请同学们先考虑一下，"而我少年乃新来而与世界为缘"，这句话怎么解释？

生7：而我少年是新的刚刚——

师："乃"怎么解释？

生（部分）：是。

师："是"吗？

生（部分）：才。

师：才，才刚刚来到，到世界上来，而与世界为缘，结为缘分，"为"是动词，结为缘分，请坐。你看，这个缘分，是不是与这个业有一样的味道？（手指板书：业）这个句子要注意。刚才××（指生6）读的时候有一句话读得很好，"其澌亡可翘足而待"，"翘足而待"怎么解释？

生（部分）：抬腿。

师："翘足而待"。

生8："翘足而待"就是一抬脚就可以到来。

师：你怎么知道是一抬脚？

生8：看下面注解。

师：下面注解。

师：这"翘"怎么解释？

生8："翘"就是抬脚。

生（部分）：抬。

师："翘"一定就是抬脚？

生（部分）：抬。

师：这是抬脚吗？

生（部分）：抬,这是抬的意思。

师：这是抬的意思。注意,词里的词素要弄清楚。这里有一个句子不知道同学们思考过没有？"少年胜于欧洲"这个"于"——

生（部分）：比。

师：比。和欧洲比是超过了。人怎么跟欧洲比呢？

生（部分）：少年。

师："胜于欧洲"。怎么比？

生9："胜于欧洲"是指"欧洲的少年。"

师：对！讲得很干脆,欧洲的后面省略了。是欧洲的少年,否则你怎么比？无法比的。不同类的东西怎么比？下面"少年雄于地球",这个"于"怎么解释？

生（部分）：在。

师："雄"是什么意思？

生（部分）：称雄。

师：动词,称雄。再请回答问题,作者把笔墨的重点放在什么地方？

生（集体）：少年。

师：这个很清楚,为什么放在少年？

生10：他说,就是"故今日之责任,不在他人,而全在我少年","因为少年乃新来而与世界为缘",所以——

师：他文章主要阐述什么？

生（部分）：少年中国。

师：要创造一个少年中国,请坐。开始的时候总的讲,"造成今日之老大中国者,则中国老朽之冤业",谁造成老大帝国呢？

生（集体）：老朽冤业。

师：对！这是老朽的冤业造成的,老朽之道有什么值得说的？关键要怎么样？要创造出,要制造出什么？（板书：制出）新的中国。所以他用了一个"全在我少年"(板书：全在我少年)，少年中国能不能制出，全在我少年，哪个词非常重要？

生(集体)：全。

师：对！(在"全"下面画个圈)全在我，少年中国的制出，少年中国的责任，全在我少年身上。因此，在这里他重点是讲什么问题？也就是我问的第二个问题文章反反复复都是讲什么？

生(部分)：少年。

师：少年，中国少年和少年中国之间的关系。刚才××(指生6)读到后来气势不足，我们一起来读一读，看看大家是不是气势很足，要越读越怎样？

生(集体)：响。

师：激昂。为什么？我们看他从个别人写起到最后是什么范围？

生(集体)：地球。

师：地球。因此在开始的时候要稍微收住一点，到后来越来越放，开始把力气都用完了，后来就劲不足了。好，我们一起读，"少年智则国智"，预备——起。

(生齐读)

师：还可以，后面两句还不够，我们把后面再读一读，"少年胜于欧洲"，预备——起。

生(齐读)："少年胜于欧洲，则国胜于欧洲，少年雄于地球，则国雄于地球。"

师：重点的字要读重音，"雄""胜"对不对？这个要读清楚。我们看这里用"则"来连接，"少年智则国智，少年富则国富"，这一系列的排比句请你们看看，把什么关系说得非常密切？

生11：把中国少年和少年中国的关系说得很密切。

师：你是否能用其他的语言来表达？我问你的是关系，你能不能用其他语言来表达?

（生11摇头）

师：别人能不能来表达?把少年和国家的什么联系起来?

生（部分）：命运。

师：对,大家填空填得很好,把少年跟这个少年中国的命运紧紧联系在一起,因此,这个"全在于我少年"的"全"落实了没有?

生（集体）：落实了。

师：对,少年是怎样,国家就会怎样。因此千钧重担挑在肩（手势,手往肩上一搭）,所以他反反复复说明这样一个问题。现在,我们请同学看看这篇文章,立刻翻译成白话,就是一口气地把它译出来。好,我们看练习①,用现代汉语翻译课文第3段,这个部分我们请一个同学连起来译译看,译得不好没有关系,谁自告奋勇。

生12：造成今天的老大中国,就是中国老朽的罪孽,创造出将来的少年中国,就是中国少年的责任,那些老朽有什么值得说的呢?他们与这个世界离别的日子不远了,而我们少年才刚刚来,而与世界结成缘分,假如全国的少年果真为少年,那么我中国是未来的国家,它的进步不可估量,假如全国的少年也为老大,那么——

师："亦为老大",前面讲得都很好,就是这个地方再看看。

生12：也是为——

师："亦为老大"怎么解释?

生12：也是老大。

师：也是老大。

生12：也是老大,那么我中国是衰老的国家,他的灭亡——

师：这个地方等一等。

生（部分）：还是过去。

师：噢,还是过去的衰老的国家,还有个过去,好,你再说。

生12：他的灭亡一抬脚就可以来到。（下面学生哄笑）

师：他的灭亡——

生（议论）：马上。

师：对，马上就会来到。

生12：所以今天的责任不在他人，都在我少年，少年明智则国家明智，少年富有则国家富有，少年坚强则国家坚强，少年独立则国家独立，少年自由则国家自由，少年进步则国家进步，少年比欧洲的少年强盛则国家比欧洲强盛，少年称雄在地球，则国家称雄在地球。

师：请发表不同的意见。

生13：他把"少年强则国强"的"强"翻译为"坚强"，应该是"强盛"。

师：强盛，好的，这是一个。还有吗？

生14："制出将来——制出将来之少年中国者"，他翻译的时候说："创造出将来的少年中国"，我认为这里的"之"是无义的，就是——

师：无义的结构助词。

生14：嗯。

师：是什么？

生14：应该翻译成制出将来少年中国。

师：这个可以不用翻译，可以吗？

生（议论）：可以的。

师：可以的。

生15：我认为××同学（指生12）在"少年胜于欧洲，则国胜于欧洲"这里翻译得不怎么好，他翻成"少年比欧洲的少年强盛则国家比欧洲强盛"。

师：他说的是什么"盛"？

生（议论）：强盛。

师：强盛的"盛"是哪个"盛"？

生（议论）：昌盛的"盛"。

师：昌盛的"盛"。这个胜过就是超过，没有理解错。还有其他意见吗？

生15：我觉得他说的"少年比欧洲的少年强"，这里一个句子里出现了两个少年，有点——

师：有点怎么样？

生15：有点累赘。

师：有点累赘。

生15：我认为讲"少年胜于欧洲的"就可以了。

师："少年胜于欧洲的"，很好，用的字结构，就是中国的少年超过欧洲的少年，就怎样？这个"则"字他都没有翻译，如果翻译的话，是什么意思？

生（议论）：就。

师："就"，可以吗？可以。他总体上是译得很好的，特别是前半部分，很流畅。接下来我们看，"全在于我少年"，把少年和中国的命运紧紧地结合在一起。（手握成拳头）接着作者就热情奔放地歌颂新生的少年中国。作者是怎样来歌颂的？我们一起读一读，"红日初升"，读到"干将发硎，有作其芒"。预备——起。

生（齐读）："红日初升，其道大光；河出伏流，一泻汪洋。潜龙腾渊，鳞爪飞扬；乳虎啸谷，百兽震惶；鹰隼试翼，风尘吸张；奇花初胎，矞矞皇皇；干将发硎，有作其芒。"

师：这里用的方法我们学过的，初二的时候，在哪一篇文章里碰到过？

生（议论）：《听潮》。

师：《听潮》叫什么手法？

生（部分）：博喻。

师：对，博喻！用许多个比喻，来比喻某一个事物，是博喻的方法（板书：博喻）。这里用博喻的方法来热烈讴歌少年中国。刚才××（指生10）问了一个问题，他说这个地方句子疏通很难，这样好不好，先请一个同学疏通一下，尽管这个注解还蛮多的，一共用了几个比喻？

生（部分）：七个。

师：七个。

生（集体）：七个比喻。

师：那么我们解释一下好不好，讲得不好不要紧，其他同学补充。

生16：红红的太阳刚刚升起来，太阳的光道大放光芒。

师：太阳的光道大放光芒？

生（议论）：不对？

师：不对，等一下，等人家讲完了，好。

生16：嗯……嗯……

师：河出伏流。

生16：小溪注出来汇合成——汇成河流，一起流到汪洋大海里，潜伏着的龙，从深渊里飞腾出来，它的鳞爪到处飞扬。

师：鳞爪到处飞扬变成雪花飘了（笑），就是飞舞，对不对？它鳞片——

生（议论）：飞舞。

师：唉，爪是什么？

生（部分）：鹰爪。

师：你接下去。

生16：幼小的，年幼的虎在山谷里呼啸，百兽听了都感到震惊、害怕。

师：对！

生16：刚刚——

师：鹰隼。

生16：鹰试着飞起来——

师：翼本来是翅膀，这儿是什么意思？

生（部分）：动词。

师：动词，试飞。

生16：展翅飞翔，风尘都被吹起来。奇特的花含苞欲放，像光明盛大的样子，还有，宝剑刚刚磨出来，就是锋刃大放光芒。

师：好，有什么不同意见需要纠正一下？

生17：他刚刚把"伏流"翻译成"小溪"不太妥当，应该翻译成"地下河"。

师：地下河，对。

生18："其道大光"的"道"不应该解释为"光道"，应该解释为"道路"。

师：道路？

生19：应该解释为"精神"。

师：精神，应该怎么解释？"红日初升，其道大光"，就是它射出来的——

生（议论）：光芒。

师："光芒"怎么样？"万丈"。实际上是喻精神，但它本身不是精神。还有什么地方需要纠正？刚才××（指生17）与××（指生18）纠正得都很好，还有什么地方要纠正的？"一泻汪洋"，这"汪洋"是不是就是海？

生（议论）：不是。

师：对，水大的样子。"潜龙腾渊"，这个"渊"是什么？

生（部分）：深渊。

师：飞起来，腾飞起来。下面"鹰隼试翼，风尘吸张"，这句话怎么理解？刚才没有讲好。这句话,鹰在试着展翅飞,这个翅膀要怎样？要扇动,因此扇起的飞尘一吸一张。下面"奇花初胎,矞矞皇皇",不能照搬注解,你可以形容一下,"奇花初胎"比较清楚的,"矞矞皇皇"就是光明盛大的样子,实际上是怎样？刚刚讲过"昌盛",对不对？花"昌盛"行吗？

生（议论）：不行。

师：是怎么样？

生（议论）：含苞欲放。

师：前面是"奇花初胎",含苞欲放怎样？不能直接地用光明盛大的样子。这里可以用什么来形容？花是怎样？是光明盛大？是写它的什么？

师、生（齐）：亮。

师：色彩怎么呢？

生（议论）：美。

师：色彩鲜亮、鲜艳,可以吗？就是这样的意思。不要硬搬,请坐。好,基本上疏通了。请看,从"红日初升,其道大光,河出伏流,一泻汪洋"到"干将发硎,有作其芒",接连用了好些比喻来形容少年中国,这些比喻有没有共同点？

生（议论）：有的。

师：都是形容什么？着眼点在哪个角度？

生（议论）：新的,刚刚的。

师："新""刚刚"的,是不是这样？那么第一个比喻——

生（议论）：红日。

师：第二个——

生（议论）：伏流。

师：伏流。第三个——

生（议论）：潜龙。

师：第四个——

生（议论）：乳虎。

师：乳虎。第五个——

生（议论）：鹰隼。

师：对,鹰隼。第六个——

生（议论）：初胎。

师：对。第七个——

生（议论）：（部分）干将（部分）发硎。

师：是什么?

生（议论）：发硎。

师：发硎,对。刚刚磨出来。这少年中国的特点就写出来了,对吧?比喻的角度很多,从天上到——

师、生（齐）：地下。

师：还到什么?

生（议论）：海。

师：水中,一个比喻接着一个比喻,变化多端,使我们读的人目不——

生（议论）：暇接。

师：所以这个地方非常有气势。到这里感情好像表露得很畅达了。但作者还不只是这一些,梁启超的文章啊,是用诗的语言来写的,你们看对不对?他说,写文章时笔端常带感情,必有一番魔力（板书：魔力）。我们看他是怎样写的,"天戴其苍,地履其黄,纵有千古,横有八荒,前途似海——"

生（部分）：似海（纠正老师读音）。

师：似海,对!"前途似海——"

师、生（齐）："来日方长"。

师：这个"其"是什么意思？前面"其"是"难道"。

生（议论）：助词。

师、生（齐）：是无意义的。

师："天戴其苍"，头顶——

师、生（齐）：苍天。

师：脚踩——

生（集体）：黄色的大地。

师：从时间上看——

师、生（齐）：纵有千古。

师：从空间来看——

生：横有——

师、生（齐）：八方。

师：四面八方。我们少年中国是前途似海，那么广阔，来日方长。所以这里是满怀激情。到最后他讲："美哉我少年中国"，"美哉"这个怎么理解？

生（议论）：好啊！

师：好啊！

生（议论）：妙啊！壮美啊！

师：壮美啊！少年中国（板书：少年中国）。接下来是什么？

生（议论）：壮哉。

师："壮哉"怎么讲？

生（议论）：大啊，伟大啊！雄壮啊！

师：伟大啊，我中国少年（板书：中国少年）！把两者结合起来——

生（议论）：对偶句。

师：对偶句，用对偶句进行赞美（板书：对偶），既赞少年中国，又赞——

师、生（齐）：中国少年。

师："与天不老，与国无疆。"到结尾的地方格调高昂，高歌猛进。这里他的感情达到了最高潮，怎么向往少年中国，怎么制出少年中国，高歌猛进。好，我们一起读一读，从"红日初升"一直到结尾。既然作者是格调高昂，高歌猛进，那么我们也要读出气势来。他是满怀着热爱祖国之情，身在异乡，希望祖国昌盛，那么我们也要用这一种爱国热情来读。"红日初升"，预备——起。

生（齐读）："红日初升……来日方长。美哉我少年中国，与天不老。"

师、生（齐）："壮哉，我少年中国，与国无疆。"

师：梁启超写文章的年代是1900年，距离我们现在已经是大半个世纪，80多年了，他对这个少年中国的向往，他所憧憬所向往的少年中国，跟我们今日中华人民共和国是不是一样？

生（议论）：有点相似。

师：有点相似，但是很显然，他当时还是比较朦胧的，不像我们今天的中华人民共和国。他在论述问题的时候，有他的时代局限，刚才同学们在学的过程中，就对他的设喻论证有不同的看法，但尽管如此，他有一点很可贵，哪一点？

生（集体）：爱国。

师：对，就好像我们歌里唱的一样，他有一颗——

生（集体）：中国心。

师：中国心。正是由于他有一颗"我的中国心"，所以他在论述的时候用诗的语言（把板书的修辞手法用大括号括起来），请同学们看看，这些一般说来都是用在诗和散文的创作中，而这里是进行论述，他把诗和论结合起来（把板书的"引出的论题"与"设喻"用大括号括起来），表达了他满腔的爱国之情,并特别告诉我们一点,这少年中国能不能制造出来,所谓制出就是什么?

生(部分):创造。

师:创造出来。责任全在我少年,而今,我们已经生活在"红日初升,其道大光;河出——"

师、生(齐):"伏流"。

生(齐):"一泻汪洋"。

师:"一泻汪洋"的这样一个幸福的国土上,生活在社会主义祖国里,那么请你们想想,在80多年以前,他已经强调"少年智则国智,少年富则国富,少年强则国强",而今,这些话对我们来说,还有没有意义?

生(集体):有。

师:有的。请你们回想一下,在国庆35周年的阅兵游行的——

生(议论):电视中。

师:对,电视传播结束的时候,屏幕上出现了几个很重要的句子——

生(议论):祖国。

师:好,你知道,讲讲看。

生20:我记得其中有"祖国的儿女们,祖国的命运就是你们的命运"。

师:最后电视屏幕上是不是出现这个?(好多同学都点头)电视屏幕上出现的是这样的字幕:"祖国的儿女们,祖国的命运就是你们的命运。"同学们,这句话分量是很沉的,少年、青年,我们每一个人,把自己的命运和国家的命运紧密联系在一起的时候,我们的祖国就会如"乳虎啸谷,百兽震惶"。当年梁启超处在黑暗的社会,逃亡在日本,他已经意识到这一点;今天,在党的阳光雨露沐浴下,我们对这一点更应该是铭记在心,我们应该意识到,今日要创造我新中华,为中华之崛起应该怎样？应该更加意识到重任——

师、生（齐）：在肩。

师：好！今天这堂课就学到这里。课后,要把它朗读几遍,读出那种澎湃的气势,那种一泻千里的气势,因为作者把自己热爱祖国的炽热感情,通过诗和论的结合,运用了连锁对比、递进排比、博喻、对偶等种种修辞手法,(手指板书)来表露自己的感情,他是笔端常带感情,我们在读的时候,应该是激情满怀,热爱祖国之情要充盈胸际,大家同意吗?

（生点头）

师：好,今天我们就上到这里。

《唐雎不辱使命》课堂实录

时间：1985年6月8日上午第一、二节课
执教：杨浦中学　于　漪
班级：初三(4)班

第 一 课 时

师：上一学期我们曾经学了一篇文言文，叫《触龙说赵太后》，这篇文章选自哪一本书？

生(多数)：《战国策》。

师：对，注解上对《战国策》没有详细的解释，我们略微补充了几句，请同学们回忆一下，《战国策》是一本什么样的书？

生1：《战国策》是一部散文集。

师：是一部散文集。

生2：《战国策》记录的是战国时期游说之士的言行，主要是记言的。

师：是记录各国游说之士的言行。

生3：《战国策》是一本史书。

师：是一本史书。大家记得很清楚，今天，我们再学一篇《战国策》里的文章，把书翻到第28课《唐雎不辱使命》。(板书：唐雎)唐什么？

生：雎。

师：j－ū→jū,雎。（正音）

生：jū。

师：（板书：jū)《唐雎不辱使命》选自《战国策》，《战国策》究竟是怎样一本书？我想让同学们认识一下，因为"重复是学习的母亲"，要知道《战国策》，你可以从《辞海》的历史分册里面去找（出示：《辞海》），可以到《中国历史大辞典》里去找（出示：《中国历史大辞典》），也可以到《大学语文》里面去找（出示：《大学语文》），现在我们分别请三位同学找一找（将书分发给三位学生），很快地把这个条目找出来，其他同学看注释，仔细地看一看注释里有哪些要点，赶紧看一看。翻到了没有？

生：翻到了。

师：好！现在请三位同学把他们查到的关于《战国策》的介绍，我用红线画出来的部分读一读，一个同学读的时候其他同学抓要点，你们把他们三个人读的内容的要点以及教科书上介绍的要点加以归纳，现在请××先读。

生4：《战国策》这是一部战国时代的国别史料汇编，同时也是一部……

师：等一等，"国别"懂不懂？

生（部分）：按国家分。

师：对！按国家来分。

生4：同时也是一部历史散文短集，记载了春秋以后到楚汉以前的史实，这部书里有战记，有故事，有论辩，有书信，和各国时事有关。

师：你来读一读。

生5：《战国策》是先秦时期继《春秋》《左传》后的又一部史书，它主要记载当时谋臣、策士游说各国……

师：读慢一点，下面要动脑筋，重来。

生5：《战国策》是先秦时期继《春秋》《左传》后的又一部史书，它主要记载当时谋臣、策士游说各国或互相辩论时所提出的政治主张和斗争策略，它反映了战国时期各个国家各个阶级之间尖锐复杂的矛盾和斗争，是研究战国时期的重要资料，在写作上运用了夸张、比喻、排比等手法，语言形象鲜明，文字生动流畅，所刻画的策士形象活跃生动（师板书：策士），因此又具有很高的文学价值，其中有不少简短的寓言故事更是具有风味，为人所喜爱。

生6：《战国策》是一部国别体的史书，内容主要记述战国时策士的言论和活动。作者不详。西汉末年，经刘向编订为33篇，并取名《战国策》。书中保存了战国时代许多重要的史料，对于当时复杂的政治斗争和社会现实多有反映，但其中也有夸张、虚构之处，不尽与史实相符。文章气势纵横，铺张扬厉，善用比喻，语言生动。

师：刚才我请三位同学把查到的有关资料读了一下，我们再结合教科书注释的介绍，请同学们归纳一下，《战国策》是一本怎样的书？

生7：《战国策》是一本史书，它写了春秋以后楚汉以前的历史，是继《春秋》《左传》以后的一部书，记录了……

师：刚才讲的对不对？

生7：它是记录了游说之士的言论的一部史书。

师：是一部史书，时间段是什么？

生7：春秋以后楚汉以前。

师：春秋以后楚汉以前，对不对？（生部分点头）这个是刚才我看三个同学都有的，还有吧？就这些要点？

生7：（继续讲）它是记录游说之士的言论的。

师：是记录游说之士言论之书，这是指的内容。还有呢？

生7：全书共分33篇，分东周、西周、秦、齐、楚、赵、魏、韩、燕、宋、卫、中山12国策。

师：一共是33篇，分12国策，这12国策应该怎么记？我们学过中国历史的，战国七雄再加什么？

生（部分）：东周、西周。

师：东周、西周。

生（部分）：宋、卫、中山。

师：这东周是不是公元前770年周平王东迁？说东周、西周，应该先是什么？

生（部分）：西周。

师：先西周再是东周，这是朝代。战国末年，周王朝的势力已经衰竭，后来就成为两个小国，一个东周一个西周，这是国家，不要搞混了。好，这是记录的国别以及它的内容，他抓了这些要点，还有补充吗？

生8：除了按时间、内容来分的外，还可以从写作方法分，写法中有排比、比喻等，除此而外，它的内容中还有寓言故事等，非常风趣。

师：非常风趣。还有补充吧？

生9：它又名国策、国事、长书。

师：这个大概不太好记，它有很多名字。作者知不知道？

生9：作者不知道。

师：作者不详，后来谁编的？

生（部分）：刘向。

师：哪个朝代的？

生（部分）：西汉末年。

师：西汉末年。还有补充吗？

生10：《战国策》还是本散文集，它的文字很生动。

师：文字很生动。刚才通过听，以及书上注释的介绍为辅助手段，基本上抓住了要点，但是，我们在讲述时条理还可以更清楚一点，对不对？可以分成两个方面，第一个方面就是《战国策》是本史书，是继哪个之后?

师、生（齐讲）：《春秋》《左传》之后的史书。

师：因此这时间、国别等内容都可以归在这一档里头；这是一本散文总集，因此可以从它的文字上、运用的写作方法上来理解。这样比我们原来的认识要加深一点。今天我们学习《战国策》里的《唐雎不辱使命》这篇文章，这个标题是后人加的，《战国策》里是没有标题的，我们上学期里学的《触龙说赵太后》这个标题也是后加的。《唐雎不辱使命》记叙了战国末期的一个故事，这个故事发生在哪几个国家之间?

生（部分）：秦与安陵。

师：对。我们看到：一是秦，秦当时是一个大国，国力很强盛，强盛到什么程度呢? 我们从第2段文字里可以很快找四个字说明它当时怎么样?

生（部分）：灭韩亡魏。

师：对了，灭韩亡魏，灭掉韩国和魏国，从公元前403年三家分晋，分成韩、魏、赵，这个我们在历史课学过了，到了战国末期，韩国和魏国都被秦国灭掉了，因此它是大国、强国，而它的对方是安陵，安陵国是一个很小的国家，小到什么程度? 上面有介绍吗?

生（部分）：五十里。

师：对! 只有五十里土地，一个是大国一个是小国，故事就发生在秦大国和安陵这个小国之间（板书：秦　安陵），而这个故事是通过人物的对话来开展情节的。题目是《唐雎不辱使命》，请同学们讲讲看这"辱"是什么意思?

生（部分）：辱没、辜负。

师：课文下面有注解，辱没、辜负。还有吗?

生（部分）：玷辱。

师：玷辱。唐雎没有玷辱出使的任务。唐雎为什么要出使呢? 他出使的原因是什么？我们先请同学一起把第1段读一读，看看这里的字是不是都认识了。齐读的时候解决几个问题：一是识字，把通假字画出来；二是要粗知大意；三是回答唐雎出使秦国的原因。好，我们一齐读，"秦王使人谓安陵君曰"，预备——起。

生（集体朗读）："秦王使人谓安陵君曰……安陵君因使唐雎使于秦。"

师：有没有通假字？

生（部分）："说"。

师："说"，这个我们碰到过了。大意能够理解吧？理解了以后请你回答唐雎出使秦国的原因，抓住关键的句子来回答。

生11：唐雎出使秦国的原因是由于安陵不答应秦国用五百里地来交换安陵这个条件，所以说安陵君就用外交途径去出使秦国。

师：运用外交的途径让他去秦国，关键在什么地方啊？

生11：关键是安陵君与秦王的一段对话。

师：一段对话。你来译一译好不好？

生12：寡人欲以五百里之地易安陵。

师：一开始。

生12：（读）秦王使人谓安陵君曰，（译）秦王派人对安陵君说。

师：哪个字是对什么人说？

生（部分）：谓……曰。

生12："寡人"就说"我将要用五百里的土地交换安陵，安陵君一定要答应我！"安陵君说："大王给恩惠，用大的土地换小的土地，非常好；（虽然）即使这样，（受地于先王）从先王那里继承了土地，我将要终生守着它，不敢交换！"秦王不高兴了，安陵君……

（生纷纷议论）

师：你说下去。

生12：于是派遣唐雎出使到秦国。

师：请坐，还有什么地方不确切的？（学生举手，师示意学生讲）

生13：有一个地方，"愿终守之"的"愿"。

师："愿"是什么意思？

生13："愿"是"愿意"。

师："终"？

生13："终守之"的"终"是"始终"，"愿意始终守着这个地方。"

师：愿意始终守住这土地。其他还有吗？

生13：还有一个字读错了，"加惠"是给(jǐ)予恩惠。

师：是给予恩惠，不是给(gěi)予恩惠，听得非常仔细。其他的同学还有没有补充？"寡人"是什么意思？

生（部分）：我。

师：所有人都可以称寡人吗？

生（部分）：皇帝。

师：皇帝，这个时候就有皇帝了？

生（部分）：君王。

师：怎么说法？

生14：他的谦称。

师：君王的谦称，不能叫皇帝。先秦那个时候秦始皇还没有统一，对不对？君王的谦称，"寡"是什么意思？

生（部分）：少。

师："欲以五百里之地易安陵"，"易"什么意思？

生（议论）：交换。

师：交换。注意，"易安陵（板书：易安陵），安陵君其许寡人！"这个地方有一个字要注意，主语是什么？

生（部分）：安陵君。

师：谓语呢？

生（部分）：许。

师："许"是什么意思？

生（部分）：答应。

师：就是答应我。这个"其"在前面一篇课文《叔向贺贫》里怎么解？什么词性？

生（部分）：副词。

师：这里能不能解释"也许"？

生（多数）：不能。

师：不行，这个地方是作为命令的口气，"一定"或者"可要"，安陵君可要答应我，一定答应我。安陵君不同意，是"愿终守之"，刚才讲到"愿终守之"前面有一句话，"受地于先王"，这个"于"怎么解释？

生（部分）：从。

师：他讲对了，从先王那里，从祖先那儿受地，这个"受"，他说是"接受土地"，应该怎么讲？

生15：继承。

师：继承，这个地指什么？

生（部分）：安陵。

师：安陵这个地，还可以讲是什么地？

生（部分）：封地。

师：对了。封（板书：封），你们不是学过历史吗？周天子把地封给诸侯，所以这个地是封地。从先王那儿接受了封地，"愿终守之"（板书：愿终守之）。这样矛盾发生了，"秦王不说"，不高兴了，因此"安陵君因使唐雎使于秦"，这里接连出现了两个"使"（板书：使），请分辨一下，第一个"使"是什么意思？

生（部分）：派遣。

师：派遣，好，自己记下来我就不写了，第二个"使"呢？

生（部分）：出使。

师：什么词性？

生（部分）：动词。

师：都是动词。这个"因"什么意思？

生（个别）：于是。

师：于是，安陵君于是派遣唐雎出使到秦国。秦王这里有两句话，这两句话表现了秦王怎样的心理活动？我读一读。（师朗读）"寡人欲以五百里之地易安陵，安陵君其许寡人！"第一句话表现出他是不是真的要拿五百里的封地去调换安陵的多少土地啊？

生（集体）：五十里。

师：是不是真心诚意地要调换？

生（部分）：不是的。

师：不是的，是什么行为？

生（部分）：骗术。

师：骗术？还有呢？

生（部分）：花招。

师：花招。

生（部分）：是圈套。

师：圈套、骗局、花招，他是进行什么？

生（部分）：讹诈。

师：对！他是进行讹诈，不是真心诚意地调换安陵。请同学们看一下，他是怎么样一个口气？"安陵君其许寡人"，这一句里哪一个词是用的讹诈口气？

生（多数）：其。

师：对了，他进行讹诈（板书：讹诈），这是他的行为，如果我们把这个诳诈变成手段的话,或者是心理活动,应该变成一个什么词?

生(部分):狡诈。

师:对!狡诈,这句话就表现出秦王的狡诈(板书把"诳"字换成"狡")。他不是真的以五百里土地来换五十里地,他是在政治上进行的骗术,是圈套、花招。从这个话当中我们就可以看出秦王是很狡诈的。除狡诈之外,我们再看看下面一句话,"安陵君其许寡人",哪一个词非常重要?

生(部分):其。

师:"其",为什么?

生(部分):一定。

师:对呀!我跟你换,你怎么样? 一定要答应我,有没有商量余地啊?

生(多数):没有。

师:没有商量余地,你一定要答应我的。这没有商量的余地,表现他的什么?

生(部分):蛮横。

师:蛮横。

生(部分):跋扈。

师:跋扈,还有呢?

生(部分):盛气凌人。

师:盛气凌人。蛮横跋扈、盛气凌人,刚才有个同学讲了还有什么? 什么横?

生(部分):专横。

师:蛮横、专横(板书:专横)都可以。作者只写了这么两句话,可是把人物的内心世界都揭露了。面对这样一种情况,这个安陵小国君主怎么回答呢? 他的处境难不难? 非常难。怎么办? 我们看他的语言技巧,一起读一读,"大王加惠"读的时候要很诚恳。

生(齐读):"大王加惠,以大易小,甚善;虽然,受地于先王,愿终守之,弗敢易!"

师:你们看他这言辞怎么样?

生(部分):很委婉。

师:很委婉。他首先肯定秦王的这个做法吗?

生(部分):肯定。

师:怎么肯定的?

生(部分):大王加惠,以大易小,甚善。

师:甚善,这个"甚"字要读重音,很好。你用大的地方换我小的地方,这是大王给予的恩惠,非常好。先肯定,然后他就说:虽然,刚才×××(指生12)讲得很好,这个词我们掌握了,虽然——

生(部分):即使这样。

师:即使是这样,"我受地于先王",我这封地是从祖先那儿继承来的,因此我要始终守着,"弗敢易",我是不敢来调换的,这里他的辞令怎么样?

生(部分):委婉。

师:很委婉,回答得非常巧妙,藏巧于拙(板书:藏巧于拙)。我先让一步,但是国虽小而志不丧,这是我国家的尊严,我怎么能和你换呢。这个地方语言、语气上是很谦虚很恭敬的。

生(部分):谦恭。

师:很谦恭,"大王加惠,以大易小,甚善",但是又不丧失自己的立场,我国小志不能小,我就是不受骗,不中你的什么?

生(部分):圈套。

师:圈套,不中你的奸计,所以读的时候,要把那个语气读出来,既谦恭又不丧志。现在一起把这段读一读,"秦王使人谓安陵君曰",预备——起。

生（齐读）：秦王使人谓安陵君曰："寡人欲以五百里之地易安陵，安陵君其许寡人！"安陵君曰："大王加惠，以大易小，甚善；虽然，受地于先王，愿终守之，弗敢易！"

师：好，就读到这里，读得比第一遍好多了，"安陵君其许寡人！"哪个字要读得很重？

生（齐讲）：其许。

师：其许寡人，下面是"大王加惠，以大易小，甚善；"这样一来，秦王必然是怎么样？

生（部分）：不高兴。

师：不高兴，这是他狡诈、专横跋扈感情的必然流露，我这么强的国，你那个小国，弹丸之国你都不答应。那么矛盾就发生了，这是故事的开端。于是安陵君就派唐雎出使到秦国，"于"字怎么理解？

生（齐讲）：到。

师：到秦国，这是出使的原因，出使的原因是秦王愿易安陵（板书：王），而安陵君愿终守之，弗敢易（板书：君），矛盾产生了，在这样的情况下怎么来缓和矛盾呢？于是安陵君就派唐雎出使（板书：出使）秦国。刚才××讲得很好，就是通过外交的途径来缓和矛盾（板书：缓和矛盾）。现在大家自己读，马上把它背出来。

（生集体自读第1段并背诵）

师：好，试试看，"秦王使人传话"，预备——起。

（生集体背第1段）

师：基本上背出来了。唐雎奉命出使秦国，在秦王面前怎么维护自己国家的尊严和利益呢？我们看文章的第2段。要弄清楚唐雎是怎样维护安陵国的尊严和利益，那就必须弄清楚秦王是怎样对待唐雎的，对待这个安陵使者的。我们现在先请一个同学把第2段读一读，其他同学认真看哪些是通假字,哪些字句比较难理解,可以提出来问,好,你读。

(生16朗读第2段)

师:读得很响亮。哪个句子读得很好?

生(部分):"否,非若是也。"

师:"否,非若是也",这句话读得很好。看一看秦王对安陵君的使者唐雎是怎么说的,这里分了几层啊?

生(部分):三层。

师:我们现在请一个同学试讲,你们觉得这里头哪个句子比较难?(学生举手)好,你说说看。

生17:"请广于君"这句话怎么解释?

师:"请广于君","请"这个词我们碰到过,表示什么?是否一定要译出来?

生(部分):客气。

师:客气。"广"在这儿的意思我们没有碰到过,是"扩大"。"于"我们接触到比较多的是"在""到""从"的意思,在这里呢?

生(部分):给。

师:对,"给"的意思我们接触比较少,就是给安陵君扩大土地。还有什么地方觉得难解的?这里"者"字好几个,要分清楚,这个"者"用法是不一样的。现在我们请一个同学试着讲讲。

生18:秦王谓唐雎曰:"寡人以五百里之地易安陵,安陵君不听寡人,何也?"就是我拿方圆五百里的地方。

师:前面的"秦王谓唐雎曰"呢?

生18:秦王对唐雎说:"我拿方圆五百里的地方调换安陵,安陵君不听从我,为什么呢?""且秦灭韩亡魏,而君以五十里之地存者,以君为长者,故不错意也。"就是况且秦国灭掉韩国和魏国,然而安陵君凭借五十里的地方而保存着,是因为我把安陵君尊为长者,不把安陵这个地方放在心上罢了。"今吾以十倍之地,请广于君,而君逆寡人者,轻寡人与?"就是现在我拿十倍于安陵的地方让安陵君扩大封地。

师:这地方看来比较难,好你说下去。

生18:然而安陵君违抗我,是小看我了。

师:他讲得很流畅,请坐。就是有些地方是不是还要推敲一下,哪些地方?

生19:就是"请广于君",应该是给安陵扩大土地。

师:给安陵君扩大土地。还有什么地方?

生20:还有就是"以君为长者",应该是"把安陵君看作年长的人"。

师:他刚才怎么讲的?你觉得这地方不大对,"以"是"把",把安陵君,以君为长者,"长者"跟前面的"者"同不同?前面的"者"是什么?

生(部分):提顿。

师:提顿的,我们学过的"者也",后面是解释的。他刚才讲的有几个地方很好,一点都没错的,"五百里之地"他讲的是什么?

生(部分):方圆五百里。

师:"而君以五十里之地存者",这个"君"过去我们接触过的,是指什么?

生(部分):您。

师:您,这里是谁啊?

生(部分):安陵君。

师:专门指安陵君,不然的话就错了,以为这君是您,您就变成指谁了?

生(部分):唐雎。

师:变唐雎了,别搞错了,是讲安陵君。"故不错意也",这"错意"怎么讲?什么字?

生(部分)：通假字。

师：通假，"错意"什么意思？

生(部分)：注意。

师：注意，所以就"不注意"。下面我们再看"而君逆寡人者"，"逆"？

生(部分)：违抗。

师：违抗。前面是你不听寡人，"听"什么意思？

生(部分)：听从。

师：听从、顺从。不听从，不归顺就是什么？是"逆"，是违背、违抗。"轻寡人与"这个"轻"我们学过了，是哪一篇文章？

生21：是《卖油翁》里的"尔安敢轻吾射？"

师："尔安敢轻吾射？"这个"轻"什么意思？

生(部分)：轻视。

师：轻视、小看，文字上基本通了，"与"是什么？

生(部分)：吗。

师："吗"是语气助词。

生22：刚才×××(指学生20)说，"以君为长者"说我把"以"翻成"因为"，我不是把"以"翻成"因为"，我把"以"翻成了"把"，因为从前面几句话还有从后面看起来，这里加一个"因为"就比较通顺了，如果不加就不通顺。

师：非常好。如果别的同学对自己所讲述的话提出疑义，自己完全有权利申述意见，对不对？他是把"以"作为"把"的，把安陵君作为长者，年长的人。练习题里有个"者""也"，"者"是提顿，后面的"也"是解释这个的，因此他加上一个"因为"，翻译起来就比较通顺，讲得很好。现在我们请同学们思考一下，这三句话意思是一层，表现了秦王怎样的思想情绪？第一句话"寡人以五百里之地易安陵，安陵君不听寡人，何也？""何也"怎么讲？

生(议论)：为什么呢。

师：为什么呢。这个"也"？

生(部分)：表示严厉。

师：表示很严厉，为什么呢？这是厉声责问，对不对？气势怎么样？有一个词是否知道，叫"咄咄——"

生(部分)："逼人"。

师："咄"怎么写？

生(部分)："口"字旁一个"出"。

师：咄咄逼人，你必须听从我的。接下来他不仅是厉声责问，而且说现在我已经灭掉韩国与魏国，而安陵君你不过是以五十里地，这个"以"字应该怎么讲？

生(部分)：凭借。

师：凭借。凭借五十里的这么一点地方保存下来，那是因为我把你看作长者，忠厚长辈，我不来打你的主意，你们看他专门提了什么事情？

生(部分)：灭韩、魏。

师：而且和什么并提？

生(多数)：安陵。

师：安陵跟韩、魏哪个大哪个小？

生(多数)：韩、魏大。

师：那韩、魏大得多了。他这样并提的目的是什么？

生(部分)：威胁、恐吓。

师：对！威胁、恐吓，显示他的声威，韩跟魏都灭掉了，不要说你这个小小的安陵，我之所以不打你的主意，是把你看作忠厚长者，对不对？接下来我们再看，现在我以十倍的土地，来扩大你安陵君的土地，而你，竟然违背我，岂不是小看我吗？这表现了他什么？

生(部分)：狂妄。

师：狂妄。

生（部分）：盛气凌人。

师：盛气凌人。表现他很狂妄的句子是哪句？

生（议论）："逆"。

师：对。"逆寡人者，轻寡人与？"（板书：逆寡人者，轻寡人与）表现出他的什么啊？刚才同学们讲的，盛气凌人。

生（部分）：嚣张。

师：嚣张、狂妄，不可一世。

生（部分）：妄自尊大。

师：妄自尊大。讲得很好，你怎么敢小看我呢？先是厉声责问，接着就是显示自己的声威，然后盛气凌人非常狂妄地讲，你怎么能"逆寡人者，轻寡人与？"好，我们先把秦王讲的话读一读，背出来。

（生集体自背）

师：好，试试看，背不出可以看书，"秦王谓唐雎曰"，预备——起。

生（齐背）："秦王谓唐雎曰：……轻寡人与？"

师：我们背得还不熟，待会儿再读一读，这节课就上到这里，下课。

第 二 课 时

师：上节课我们学到唐雎出使秦国，秦王对唐雎说的这三句话气焰嚣张，表现出不可一世的狂妄态度，我们先把"秦王谓唐雎曰"这段话读一读，"秦王谓唐雎曰"，预备——起。

生（齐读）："秦王谓唐雎曰：……轻寡人与？"

师：大家看看，这完全是一副不可一世的气焰，面对着秦王如此跋扈、狂妄的态度，唐雎是怎样对答的？他怎样对答才能够维护安陵的尊严和威严呢？我们请一个同学把唐雎对答的话讲一讲，谁来讲？

生1：(读)唐雎对曰："否,非若是也。安陵君受地于先王而守之,虽千里不敢易也,岂直五百里哉?"(译)唐雎回答秦王说："不,不是像这样的。安陵君从先王那里继承了土地,并且坚守它,即使是千里封地也不敢交换,何况只是五百里呢?"

师：有什么不同意见?

生2：这个"岂直五百里哉"好像应该是"难道只是五百里吗?"

师：难道只是五百里吗?"岂"解释什么?

生：难道。

师：难道。

生："直"就是"只是"的意思。

师：只是的意思,对!有注解。

生3：他(指生1)用"何况只是"更为确切一些。

师：为什么?

生3：因为这里——

师：注解上是"难道只是",可不可以译成"何况只是"?××(指生3)认为是可以的,而且认为是比较确切,为什么?从语气上来讲怎么样?大家说说看。

生(部分)：可以的。

师：何况只是五百里。

生4：他(指生1)刚才翻译的有一个句子不够妥当。

师：噢,什么地方?

生4：就是"虽千里不敢易也",他翻译成"即使一千里……",这可以指千里,但是不一定一千里。

师：千里可以指千里,但并不一定是指一千里。好,请坐。刚才同学说的你们对比一下,到底是一千里,还是几千里?

生5：就翻译成千里土地,不用一千里,几千里。(师生笑)

师：就翻译成千里土地，可不可以？即使是千里土地也不敢换，"岂直五百里"，难道只是五百里吗？那么何况只是五百里可不可以？

生（多数）：可以。

师：可以，好的。

生6：刚才×××（指生1）在译的时候有一个地方不够妥当，说："安陵君从先王那里得到了土地"，他用"坚守"，"坚守"不太好，因为他是一个小国，他没有与秦王对抗的余地，所以用"坚守"不好。

师：应该怎么样呢？不是人家打来了坚守土地，这个听出来了，好的。除了坚守之外，还有什么守？

生6：驻守。

师：驻守？

生（部分议论）：也不好。

师：也不好，"守"后加一个字。

生（议论）：守住。

师：守住，可不可以？守住、守卫就可以了，听得很仔细。另外唐雎就回答说，这个地方要有气势。文字上还有什么问题吗？没有了。那大家注意，语气上要读出来，对答"否，非若是也"，这语气怎么样？

生（部分）：坚决。

师：坚决，还有。

生（部分）：斩钉截铁。

师：斩钉截铁，很坚定。你们凭什么说是斩钉截铁？

生（部分）：非若，双重否定。

师：双重否定？

生（议论）：不是。

师：不是的，"否"是什么？

生（议论）：不是。

师：不是，"非若是也"的"若"怎么解释？

生（部分）：像。

师："是"呢？

生（议论）：这样。

师："否"，"不是像你说的这样"，连续两次否定，表示自己坚决的态度，不是像有的同学说的那样是双重否定。他接下来说的是什么？这句话是不是跟安陵君说的一样？受地于先王而守住这一土地，即使是千里我也不敢换，何况只是五百里，这简直是太岁头上动土啦，对不对？守卫国家，守住自己的土地，保卫自己的国家，这是正义的，义正词严。我们看哪一句话是非常重要的？

生（议论）："虽千里不敢易也。"

师：对！虽千里不敢易也（板书：虽千里不敢易也），这样一个对答，义正词严（板书：对答义正词严），我们一起把这一段读一读，一定要读出义正词严的味道。"唐雎对曰"预备——起。

生（齐读）：唐雎对曰："否，非若是也。安陵君受地于先王而守之，虽千里不敢易也，岂直五百里哉？"

师：读两遍背出来。

（生集体背诵）

师：现在连起来，秦王是怎样对唐雎说的？唐雎是怎样对答的？把这两部分合起来，请一部分同学读秦王的，一部分读对答的。秦王要读出什么语气？

生（部分）：专横。

师：对，专横。声音大一点，"秦王谓唐雎曰——"

生（一部分读）："秦王谓唐雎曰……轻寡人与？"

生（另一部分读）："唐雎对曰……岂直五百里哉？"

师：一齐背，整个背一下。"秦王谓唐雎曰"，预备——起。

（生集体背诵）

师：一个是要"易"，一个是"不易""不敢易"，不要说五百里，千里也不易，这样矛盾就怎么样？

生（部分）：激化。

师：激化了，对不对？这样步步进逼，矛盾就越来越激化了，紧张的气氛越来越浓，于是乎故事就进入了——

生（多数）：高潮。

师：对，高潮，故事进入了高潮。不可一世的秦王听到这弹丸之地的使者是如此的对答，那是气急了，他马上表现出来的是什么？

生（部分）："怫然怒"。

师："怫然怒"，"怫然"什么意思？

生（议论）：盛怒的样子。

师：盛怒的样子，还可以换什么词？

生（部分）：勃然。

师：勃然大怒可不可以？还有吗？

生（议论）：愤然大怒。

师：愤然大怒、盛怒。怫然，这个字形结构，什么偏旁？

生（集体）：竖心旁。

师：竖心旁就是指心理活动，怫然大怒。他对唐雎说了什么？唐雎又是怎样来和他斗争的？现在我们请两个同学，把秦王对唐雎说的话和唐雎的对答来对讲一下。好，××，请你翻译秦王讲的（指定一位学生），你讲唐雎的（指定学生），秦王怫然怒。

生7：（读）"秦王怫然怒，谓唐雎曰"，（译）秦王勃然大怒，对唐雎说："你也——

师：读一句讲一句。

生7：（读）"公亦尝闻天子之怒乎？"（译）你曾经听说过天子恼怒吗？

唐雎对曰——

师：谁说啊？（生笑）

生8：（读）唐雎对曰："臣未尝闻也。"（译）唐雎回答说："我不曾听说过。"

生7：（读）秦王曰："天子之怒，伏尸百万，流血千里。"（译）秦王说："天子恼怒，可以使上百万人死掉，使血流千里。"

生8：（读）唐雎曰："大王尝闻布衣之怒乎？"（译）唐雎说："大王可曾听说过平民发怒吗？"

生7：（读）秦王曰："布衣之怒，亦免冠徒跣，以头抢地尔。"（译）秦王说："平民恼怒，也不过是摘了帽子，光着脚，把头往地上撞罢了。"

生8：（读一句译一句）（读）唐雎曰："此庸夫之怒也，非士之怒也，夫专诸之刺……"挺剑而起。（译）唐雎说："这是平庸无能的人的发怒，不是有才能有胆识的人的发怒，专诸刺杀王僚时，彗星的尾巴扫过月亮；聂政刺杀韩傀的时候，一道白气直冲上太阳；要离刺杀庆忌的时候，苍鹰扑到宫殿上。这三个人都是布衣当中有才有识的人，心里的愤怒还没发作出来，上天就降示征兆，连上我就将是四个人了。如有才有识的人一旦发怒，就有两个人要死，血流五步而天下都要穿起孝衣，今天就是这个样子。"拔起剑而站起来。

师：他们两个解释的，有什么地方不恰当？

生9：××（指生7）同学在讲"布衣之怒，亦免冠徒跣"时，他把"徒跣"解释为"光着脚"，"光着脚"就是"跣"的意思，"徒"的意思没有解释出来。

师："徒"是什么意思？

生9："徒"就是"走"。

师："走"，我们平时讲徒步，就是走、行走（板书：徒）。"免冠"是什么？

生(部分):摘了帽子。

师:"徒跣"的"跣"是?

生(部分):光着脚。

师:光着脚走——徒跣。这个地方还有——

生10:刚才×××(指生8)在解释"皆布衣之士也"这句话的时候,他讲"都是布衣的有志之士",应该把"布衣"解释出来,都是平民中的有志之士。

师:都是平民中的有志之士,好的,其他还有吗?(学生举手)你说。

生11:我觉得×××(指生8)讲得一点也没有气概,应该是与秦王针锋相对地说。

师:应该是针锋相对的去怎么样?斗争的(板书:斗争 针锋相对),可是刚才讲的时候一点气势也没有,这是×××的意见。还有别的地方需要考虑的吗?我们先把文字疏通。我问你们:"公亦尝闻天子之怒乎"的"公"怎么解释?

生(集体):你。敬称。

师:"尝"?

生(集体):曾经。

师:"臣未尝闻也"的"臣"?

生(部分):我。

师:谦称,要搞清楚。"天子之怒"的"之"?

生(部分):主谓之间。

师:用在主谓之间。

生(部分):取消句子的独立性。

师:对,天子恼怒,刚才讲恼怒讲得太文了,怎么讲比较好?

生(部分):发怒。

师:发脾气、发怒,天子发怒这个"天子"指谁?

生（部分）：周天子呀。

师：周天子，好，×××说。

生12：本来是有周天子，但是秦王这样用就是把自己变成天子了。

师：对，那时只有周天子，但是他怎么样呢？讲这个话实际上是把自己比成是周天子。接下来我们再看"以头抢地尔"这个"以"字。

生（集体）：用。

师："尔"？

生（集体）：罢。

师：尔矣、罢矣、罢了。"此庸夫之怒也"，下面都有的（指课文下的注释），这个"也"要注意语气，不一定要翻出来，但你讲的时候语气要怎么样？肯定。"夫专诸之刺王僚"，这里举了三个例子，用的是什么手法？

生（多数）：排比。

师：排比。"专诸之刺王僚"的"之"？

生（部分）：主谓之间。

师：对！跟前面的什么一样？

生（集体）："天子之怒"的"之"。

师：还有。

生（部分）："布衣之怒"。

师："天子之怒""布衣之怒"是一样的。"苍鹰击于殿上"这个"苍"？

生（部分）："苍白"的"苍"。

师：这"苍白"的"苍"，这"苍鹰"是指什么鹰？

生（部分）：老鹰。

师：老鹰、苍鹰。"此三子者"这个"子"？

生（议论）：敬称。

师：敬称，这三个——

生(部分):人。

师:三个先生。"怀怒未发,休——"的"怀怒"怎么解释?心里——

生(部分):怀着怒气。

师:还没有——

生(部分):发泄出来。

师:还没有发作。就怎么样呢?

生(部分):吉祥。

师:下面还有一个字。

生(多数):祲。

师:祲。

生(部分):不祥的。

师:不祥的,一个是吉祥的,一个是不祥的,"降于天"这个"于"?

生(部分):从。

师:这个前面讲过了,从天而降,吉祥、不吉祥的征兆从天而降。"与臣而将四矣"的"与"?

生(多数):和。

师:"和"可不可以?可以。和臣将要是四个。"若必怒"刚才这个"必"没有解释,"必"原来什么意思?

生(部分):一定。

师:一定,"一定发怒",这样译好不好?

生(议论):不好。

师:一旦真的发怒的话。"伏尸二人"刚才怎么解释的?是不是现在有两个人就要死了?

(师示意学生讲)

生13:就会有两具尸体倒在地上。

师:就会有两具尸体倒在地上,就是两个人怎么样?

生（部分）：丧命。

师：丧命，对！"流血五步，天下缟素"，"素"什么意思？

生（部分）：白。

师："白"吗？是指孝服，下面有注解。"今日是也"这"是"怎么解释？

生（部分）：这样。

师：今天就是这样。"挺剑而起"的"挺"？

生（部分）：拔。

师："拔剑而起"这个"起"？

生（多数）：站起。

师：我们看这高潮的部分，秦王怫然怒，怒了以后他就发出威胁："公亦尝闻天子之怒乎？"你曾经听到过吗？"亦"字刚才没有解释。

生（部分）：也。

师：（板书：亦：也）也曾听到天子之怒吗？（板书：天子之怒）我们看唐雎回答得很妙的，他怎么说的？

生（部分）："臣未尝闻也。"

师：他是不是真的没有听到过？

生（部分）：不是。

师：他当然知道，为什么这样讲？

生（部分）：蔑视。

师：蔑视？

生（部分）：不是。

师：不是，是什么？

生14：是他要避开秦王的锋芒，他要从另一面攻击。

师：讲得很好。他要避开什么？秦王的锋芒，从另一面攻击。我没听到这么解释过，你们倒说说看这个语言的技巧体现在哪儿？（学生举手)好,你说。

生15:如果秦王问个问题他就回答一个问题,他就是在被动状态。

师:处在被动状态,这样说就是——

生(部分):变被动为主动。

师:变被动为主动。我们看,我没听到过,秦王于是说:"天子之怒,伏尸百万,流血千里。"听这口气,天子发起脾气来怎么样?百万人怎样?

生(部分):丧命。

师:流血千里。

生(部分):血流。

师:血流了千里。但唐雎不接他的话头,避开他的锋芒,而是另起话头针锋相对,他问:"大王尝闻布衣之怒乎?"一个讲"天子之怒",一个和他讲什么?

生(集体):布衣之怒。

师:布衣之怒(板书:布衣之怒),这平民百姓发起脾气来怎样?我们看从秦王这段话里表现了他对布衣之怒是怎样看法的?

生16:他对布衣之怒是很看不起的。

师:很看不起,你翻译一下看,怎么看不起?哪些词表现他很看不起?

生16:"布衣之怒,亦免冠徒跣,以头抢地尔"。布衣发怒,也只不过是摘掉了帽子,光着脚走路,把头往地上撞罢了。

师:哪些词表现他看不起的?

生16:亦、尔。

师:亦、尔。不过是摘了帽子,光着脚走,用头撞地罢了,表现出他对布衣之怒极其——

生(议论):蔑视。

师：蔑视、轻视的态度。唐雎是才智过人啊，他怎么回答的呢？

生（部分）："此庸夫之怒也。"

师：对，这只不过是平庸无能的人发脾气，他以守为攻、以退——

生（集体）：为进。

师：是的。这只不过是平庸的人发脾气，不是什么啊？

生（部分）：有胆有识。

师：有胆有识的人发脾气，那么士之怒是怎样的怒呢？接下来是三个例子，一个是专诸刺王僚，专诸刺王僚的时候，"彗星袭月"，"袭月"是什么意思？

生（部分）：扫过月亮。

师：扫过月亮，这个故事有谁知道吗？

生（部分）：鱼藏剑。

师：鱼藏剑知道不知道？

生（部分）：不知道。

师：女同学不知道，男同学可能知道。聂政之刺韩——怎么读？

生（部分）：傀。

师：k-uǐ→kuǐ，傀。

生：傀。

师：傀儡的傀，这里要注意，韩傀又叫什么名字？

生（集体）：侠累。

师：侠累是哪国的？

生（议论）：韩国的。

师：韩国的国相，韩不是他的姓，不要搞错了，韩国跟周天子封的，同周姓的，所以说韩傀不是姓韩？不是，是韩国的侠累。"聂政之刺韩傀也，白虹贯日。"刚才解释得对不对？这里有注释的，"虹"这里指什么？

生（集体）：白气。

师：白气、白光一直怎么样？

生（集体）：冲到。

师：冲到太阳。下面一个字要注意，不是要（yào）离，而是要（yāo）离，是第一声，注音注好。"要离之刺庆忌也，苍鹰击于殿上"。要离刺杀庆忌，连苍鹰都扑到殿上，这个"于"？

生（部分）：到。

师：到殿上。这里有两件事情以后随着年龄的增长自己就可以去读了，《刺客列传》里头有专诸刺王僚、聂政刺韩傀的事，关于聂政刺韩傀的事，有一个历史剧，郭沫若写的《棠棣之花》，课后我们可以去翻一翻，有的中学里读过的（板书：《棠棣之花》）。至于写这些征兆，彗星袭月、白虹贯日、苍鹰击于殿上，你们看这有没有道理？

生（议论）：毫无根据。

师：毫无根据，还有什么？

生（议论）：迷信。

师：迷信，但是唐雎在对秦王说这些话的时候起不起作用？

生（多数）：起的。

师：对，起作用了，这个"士之怒"尽管现在看来是迷信，但是当时讲这个话，对秦王起了什么作用？谁能够讲讲看。

生（部分）：震慑。

师：震慑。

生（部分）：威慑。

师：威慑，对不对？讲得都对，可以起威慑的作用，使他害怕（板书：威慑），震慑的作用（板书：震慑），可以使他怎么样啊？慑服（板书：慑服）。他然后就讲"此三子者，皆布衣之怒也，怀怒未发，休——"什么？j－ìn→jìn。

生(部分)：裋。

师：什么偏旁？

生(部分)："衣"字旁。

师："衣"字旁？大家看清楚是什么旁？

生(多数)："示"字旁。

师：对，凡是涉及上天的都是"示"字旁，比如："祈祷"什么旁？

生(议论)："示"。

师："示"字旁。因此说，尽管这些是没有根据的迷信，但是在当时说这一番话是激昂慷慨的啊。"与臣而将四矣"，这句话什么意思？加上我将是四个，他也要怎么样？谁来讲讲看？

生18：他也要效法前面三个人刺杀秦王。

师：讲得很好。加上我就是四个人，意思是我要效法前三个人，和你拼了。他举历史事例，把这个问题讲得非常透彻。所以接下来讲，一旦发怒的话，会怎么样？伏尸二人，我们两个人怎么样？同归——

生(多数)：于尽。

师："流血五步"，血流只是五步，但是"天下缟素"，你是必死无疑的，"今日是也"这句话很重要，这个"也"是什么语气？

生(议论)：肯定。

师：肯定语气，今天就是这个样子，你们看这一番话怎样啊？

生(议论)：义正词严。

师：义正词严，比前面还要——

生(议论)：慷慨激昂。

师：这一段话完全是针锋相对，正气凛然的(板书：义正词严)。前面有人作为榜样，我和你拼了。慷慨激昂、豪气凛然，为什么要跟你拼呢？

生(部分)：他的国家。

师：为了他的国家,为了正义的事业不顾自己,怎样形容?

生（部分）：义无反顾。

师：义无反顾（板书：义无反顾），这是公开的对秦王怎么样?

生（部分）：宣战。

师：宣战。这里唐雎的什么都表现出来了? 他的才智。

生（议论）：胆略。

师：对,胆识、胆略、才智,他的不畏强暴,在高潮的地方全部展现出来了。他不仅有慷慨激昂的言,而且接下来怎么样?

生（议论）：行。

师：四个字。

生（集体）："挺剑而起"。

师："挺剑而起",拔出剑就怎么样?

生（多数）：站起来。

师：站起来了要怎么样? 表现了怎样的精神?

生（议论）：果断。

师：果断,还有表现什么?

生（议论）：言行一致。

师：言行一致。

生（议论）：勇敢。

师：勇敢、果断。

生（议论）：果敢。

师：噢,坚决果敢。这里就是（学生议论）说什么? 站起来说。

生19：义而当为。

师：什么? 听得懂吗? 这是哪几个字? "义"是什么?

生19："义"就是。（下面学生议论纷纷）

师：同学叫你上去写。

（生19板书：义而当为）

师：他上去写的时候我们想一想,我们在学《谈骨气》的时候曾经有一句话,是什么?

生（议论）：威武不能屈。

师：对,威武不能屈。(指板书)这时是"义而当为",对不对?

生（多数）：对的。

师：对的,写出来就知道了,这个事情是正义的就应该去做,这"义而当为"用得很好。这一段就是关键的高潮,我们看看唐雎挺剑而起的情景(出示插图),唐雎是勇于献身、敢于献身,我们把这段话读一读,"秦王怫然怒"预备——起。

生（齐读）："秦王怫然怒……挺剑而起。"

师：好,读一读,背出来,这一段比较难,但你把条理搞清楚就方便了,读响一点。(过一会)好,有同学基本上背出来了,你只要抓住记忆的支撑点,"天子之怒"怎样?唐雎讲什么,然后秦王是怎么讲?"天子之怒"的八个字——

生（多数）："伏尸百万,流血千里。"

师：唐雎就讲什么?

生（集体）："布衣之怒。"

师：秦王认为"布衣之怒"怎么样?

生（集体）："亦免冠徒跣,以头抢地尔。"

师：唐雎给他分析这是什么?

生（集体）："此庸夫之怒。"

师：然后就讲士之怒是什么……最后加我——

生（部分）："与臣而将四矣。"

师：然后呢?如果我发怒的话,十二个字——

生（集体）："伏尸二人,流血五步,天下缟素。"

师："今日——"

生（集体）："是也。"

师：说了话以后马上就——

生（集体）：挺剑而起。

师：就在气氛十分紧张的时候，眼看就要——

生（议论）：一触即发。

师：一触即发，就要"伏尸二人，流血五步"的时候，秦王表现如何？

生（集体）："秦王色挠。"

师："挠"什么意思？

生（部分）：屈服。

师：你怎么知道的？

生（部分）：不屈不挠。

师：不屈不挠，"挠"就是"屈"。而故事开头秦王是怎样的？

生（部分）：声厉。

师：然后呢？

生（部分）："怫然"。

师：怫然，到这个时候呢？

生（部分）："色挠"。

师：色挠，他的行动是怎样？

生（部分）："长跪而谢。"

师："长跪而谢"，这个跪我们解释过没有？

生（部分）：讲过了。

师：初一时讲过了。

生（部分）：《扁鹊见蔡桓公》。

师：对了，"扁鹊闻其故，长跪而谢。"这个"谢"怎么讲？

生（部分）：道歉。

师：道歉。秦王就说"先生坐"，"先生"是指谁？

生（多数）：唐雎。

师：前面出现过先生没有？没有，都是"公"，而且开始的时候都是"寡人"怎么样，关于唐雎没有一个称呼出现，根本不把你这个使者放在眼睛面前的，现在是怎样？先生坐，古时候对什么人才称先生？

生（部分）：长者。

师：长者、老师，"先生坐！何至于此！"

生（部分）：哪里到这个地步。

师："寡人谕矣"的"谕"？

生（部分）：通假。

师：对！通假字，"谕"什么意思？

生（部分）：明白了。

师：注意，前面是"寡人欲以五百里之地易安陵"，后来高潮的时候讲的什么？他自称——

生（部分）：天子。

师：现在呢？

生（部分）：寡人。

师：又变寡人了，他明白了什么？

生20：明白了"韩、魏灭亡，而安陵以五十里之地存者，徒以有先生也"。

师：怎么解释？

生20：就是韩国和魏国灭亡了，而安陵这个地方凭借五十里地而存在着，都是依靠——

生（议论）：因为。

生20：噢，是因为有——

师："徒"怎么解释？刚刚这个"徒"是"徒步"，这个地方"徒"是

"只",好,你讲。

生20:只因为有先生。

师:只是因为有什么?

师、生:先生。

师:只是因为有先生。他有个地方解释得对不对?安陵这个地方凭借五十里保存下来。

生(部分):不对。

师:应该是什么?

生(多数):安陵君。

师:安陵君,对!不要搞错了,你们想想看,"伏尸二人,流血五步",是跟"伏尸百万,流血千里"对应的,这里是讲的"徒以有先生也",跟前面什么照应啦?前头是讲什么不打他的主意啊?

生(多数):"以君为长者,故不错意也。"

师:对,原来说我不打你的主意,现在说:只因为有先生了,这个语气完全不一样了。我要问你们一个问题了,刚才××说是因为秦王怕了,对不对?

生(议论):不是怕。

师:是因为审视该事,权衡轻重,必须这样,搞清楚没有?好!我们总起来看,到最后唐雎是怎样?

生(多数):取得胜利。

师:取得胜利(板书:胜利),秦王是以狡诈、专横开始,到什么而告终的?

生(部分):长跪。

师:以"长跪而谢,卑躬屈膝"(板书:"徒以有先生也"卑躬道歉)而结束,因此唐雎是怎样?

生(多数):不辱使命。

师：对！不辱使命（板书：不辱使命）。现在请同学们看这篇文章的特点，这个故事的情节除了有几句话是叙述的语言之外，另外都是什么？

生（多数）：对话。

师：对！用对话来表现的，所以《战国策》是记什么？

生（部分）：记言。

师：记言，这里主要写哪个人物？

生（集体）：唐雎。

师：那为什么要用这么多笔墨写秦王呢？

生（部分）：反衬。

师：反衬，因为秦王的所作所为可以把唐雎这有识之士的机智勇敢、不畏强暴充分刻画出来。课后我们把这篇文章背出来。另外，再请同学们翻译一篇文章，也是《战国策》当中的，我估计同学们看是没有多大问题的。

（出示《战国策》中的一篇短文请学生翻译）

颜斶论贵士
《战国策》

齐宣王见颜斶，曰："斶前！"斶亦曰："王前！"宣王不悦。左右曰："王，人君也；斶，人臣也。王曰：'斶前'，斶亦曰：'王前'，可乎？"

斶对曰："夫斶前为慕势，'王前'为趋士，与使斶为慕势，不如使王为趋士。"

王忿然作色曰："王者贵乎？士贵乎？"

对曰："士贵耳！王者不贵。"

王曰："有说乎？"

斶曰："有。昔者秦攻齐，令曰：'有敢去柳下季垄五十步而樵采者，死不赦!'令曰:'有能得齐王头者,封万户侯,赐金千镒。'由是观之,生王之头曾不若死士之垄也。"

宣王默然不悦。

师:我只解释一个,就是"柳下季"是人的名字,"垄"是坟墓。这段话是记言的也是论事的,我们自己阅读有问题吗?齐宣王见颜斶,跟他说:——

生(集体):"斶前"。

师:什么意思?

生(集体):过来。

师:过来,斶说:——

生(集体):"王前"。

师:你到前面来(学生笑),宣王——

生(集体):不高兴。

师:左右说:"王,——"

生(集体):是君主。

师:是君主,斶——

生(集体):是臣。

师:王说:——

生(集体):"斶前"。

师:斶也说——

生(集体):"王前"。

师:"可乎?"

生(集体):可以吗?

师:"行吗","能吗"?斶回答说:"'斶前'为慕势","慕势"是什么?

生(多数):羡慕权势。

师：羡慕权势就是什么意思？

生（个别）：趋炎附势。

师：趋炎附势，对了。"王前"呢？"为趋士"，"趋士"学过的。

生（多数）：亲近士。

师：亲近士，礼贤下士，"与使嬴为慕势"，这个"与"？

生（多数）：与其。

师、生：与其使得嬴趋炎附势，做趋炎附势的人，还不如王做礼贤下士的人。

师：对了。"王忿然作色"，懂吗？与"秦王色挠"一样的，"曰：王者贵乎？士贵乎？"懂不懂？

生：王高贵？还是士高贵？

师：对曰：——

生（集体）："士贵耳！"

师："王者不贵。"王曰："有说乎？"不是悦。

生（部分）："有什么可以说？"

师：道理、根据、理由，有什么理由呢？因此嬴就说了——

生（集体）："有"。

师："昔者秦攻齐，命令说"。

师、生："有敢去柳季垄"——

师：刚才讲了垄是坟墓，去柳季垄五十里，这个"去"是不是今天的去啊？

生（个别）：到。

师：到吗？距离、离柳下季坟墓五十步樵采者，"樵采"？

生（个别）：采樵。

师：采樵的人，"死不赦"就是死而不赦要砍头的。"令曰：'有能得齐王头者'"，得到齐王头怎么样？

生(集体)：封万户侯。

师："赐金千镒"，"镒"是数量，"由此观之"——

生(集体)：由这个看来。

师："生王之头"怎么样？还不如——

师、生：死的士的坟墓。

师：一个是死，一个是赐金千镒，所以宣王默然不悦。是否也是记言？通过对话来写士的谋略。今天我们就学到这里，下了课要把它背出来，要把语气读出来，然后再翻译一下。

好，下课。

附：板书

秦王　"易安陵"　"逆寡人者，轻寡人与"　"天子之怒"　"徒以有先生也"
　　　（狡诈、专横）　　　　　　　　　　　　　　　（卑躬道歉）

安陵君　"愿终守之"

唐雎　　"虽千里不敢易也"　　　　　　　　"布衣之怒"

　　　　　　出使（缓和矛盾）

不辱使命　　对答（义正词严）　　　　　斗争（针锋相对）胜利

　　　　威慑　　义　　义　　藏　　棠
　使　　震慑　　无　　而　　巧　　棣
　　　　慑服　　反　　当　　于　　之
　　　　　　　　顾　　为　　拙　　花

　　徒

　　亦：也

《春夜喜雨》《忆江南》《渔歌子》课堂实录

时间：1985年6月8日下午第二节
执教：杨浦中学　于　漪
班级：初三(4)班

师：我们都知道，中国是诗歌的王国，在我们文学宝库当中，有许多诗词的珍品，它们数目之多，多如天上璀璨的明星，美不胜收。上节课我们学了陆游的《十一月四日风雨大作》和于谦的《石灰吟》，这两首诗里面所表露的情操美、品质美曾经给我们以强烈的震撼，现在我们把这两首诗背诵一下，《十一月四日风雨大作》预备——起。

生(齐背)：《十一月四日风雨大作》——

师：《石灰吟》。

生(齐背)：《石灰吟》——

师：这两首诗当中所表现的强烈的爱国激情，以及不怕牺牲、不畏艰难的精神，给我们以深深的教育。今天我们再学三首，请同学们把书打开到第199页，今天学的三首中第一首是诗，杜甫的《春夜喜雨》，另两首是词，白居易的《忆江南》和张志和的《渔歌子》，这三首诗词都是写景抒情的，我们今天就来细细地品味一下这诗中景诗中情，领略其中的诗情画意，先学《春夜喜雨》。作者是——

生(多数)：杜甫。

师：大家很熟悉了，杜甫我们又称他什么？

生（部分）：杜子美。

师：杜子美。

生（部分）：杜工部。

师：杜工部。称李白是什么？

生（部分）：诗圣。（部分）诗仙。

师："诗仙"对了。

生（议论）：诗圣是杜甫。

师：对！诗史诗圣都是称谁啊？

生（多数）：杜甫。

师：不要搞混了。《春夜喜雨》是杜甫五言律诗当中的名篇。一首好的诗，它总是有诗的眼睛的，请你们读一遍以后自己判断一下，这首诗的诗眼是什么？我们先请一个同学来读一读，同时请同学们来判别一下哪一个字是诗眼？（指定学生）

生1：（朗读）"《春夜喜雨》，杜甫。好雨知时节，当春乃发生。随风潜入夜，润物细无声。野径云俱黑，江船火独明。晓看红湿处，花重锦官城。"

师：他读得很清楚，再连贯一些就好了。判断一下，这首诗的诗眼是什么？

生（多数）：喜。

师："喜"，有不同意见吗？（学生举手）好，××有不同意见。（示意学生讲）

生2：是"知"。

师：还有别的意见吗？还有没有？是"知"还是"喜"？

生（多数）：是"喜"。

师：理由？谁能说说吗？

生3：因为诗的一切都是围绕着"喜"来说的，说"好雨知时节"也是表达作者很高兴这场雨会下来，所以我觉得这都是围绕"喜"来写的。

师：好，都是围绕"喜"来写的是××的理解，我们学习后再来看好不好？《春夜喜雨》中作者描绘了怎样的一幅图景？春夜雨景图，表达的是什么情？

生（部分）：喜悦。

师：什么喜悦之情？喜什么？为什么喜呢？

生（个别）：春天到了就喜了。

师：春天到了就喜了，行不行？

生（个别）：下了一场及时雨。

师：下了一场及时雨，是表示了春雨来到的——

生（部分）：喜悦。

师：喜悦对吧？春雨来了，春雨下了，因为我们知道春雨——

生（部分）：不容易。

师：对了！如果春旱的话，那对庄稼生长是有很大影响的。这写的是春夜雨景图，表达的是喜春雨之情，可是我们看，这四联里头没有一个喜字，对不对？只有在什么地方出现？

生（多数）：题目。

师：题目出现了一个"喜"字，在诗句里面没有一个"喜"字，但是我们说它是笔笔写"喜"，处处点"悦"的，这就是这首诗很突出的特点，它把自己的情——（板书：融情于）

生（多数）：融情于景。

师：对，融情于景（板书：景），是把自己的喜悦之情全部都融在、寄寓在景物的描写之中，现在就请你们自己读。我们说过，律诗是分几联？

生（部分）：四联。

师：第一联？

生（部分）：首联。

师：第二联？

生（部分）：颔联。

师：第三联？

生（部分）：颈联。

师：第四联？

生（部分）：尾联。

师：请大家逐一分析首联、颔联、颈联、尾联。尽管这四联里面没有一个"喜"字，可是笔笔都是写的"喜"，你们看一看是怎样写的？自己读，读了以后自己来思考分析。

（生集体自读）

师：自己动脑筋，你觉得第一联里头从哪里可以看出"喜"？第二联从哪里看？可以讨论，两个人可以讨论讨论，第一联里头写的是景，可是怎么说明喜悦之情呢？谁来讲？

生4：第一联里面作者是用了拟人的手法。

师：是吗？

生（部分）：对的。

生4：他把雨写成像人一样有感情的，"好雨知时节"，"好"和"知"就是点出了作者的喜悦之情；"当春乃发生"是说这个雨是通人情的，这就从侧面点出这雨是及时雨。

师："当"怎么解释？

生4：到。

师：到，春天一来大地回春的时候，这雨就怎么样？"乃"怎么解释？

生4：就。

师：发生？

生 4：发生就是雨下来了。

师：因此你认为这地方就是表露出作者的喜悦之情，春天一到春雨一降，他就很喜悦了，这喜到情不自禁的程度，哪一个字？

生 4："好"和"知"。

师：喜到情不自禁的程度，"好"和"知"对不对？再准确一点！

生（议论）："好"！

师：自己再判断一下。

生（多数）："好"！

师："好"！为什么？"好"是什么情？

生（部分）：赞美之情。

师：对！赞美之情。

生 4：赞美之情油然而生。

师：赞美之情油然而生，请坐。他这句话讲得对不对？雨有没有情？

生 5：这里是作者把自己的感情融于不会说话的雨景之中。

师：不会说话的，他又没有说话（笑），对不对？是什么？雨本无情物，可是在诗人笔下这个雨已经怎么样？

生 5：是把自己诗情寄寓在雨水之中。

师：好，诗人把自己的诗情寄寓在雨这个无情物之中，好像这雨是解人意的，这理解是好的。"当春乃发生"，这个"乃"字要注意，一到春天大地回春的时刻雨就怎样？就来了，正因为无情物的雨都有了情了，所以作者就情不自禁地赞美了，用的是哪一个字？

生（集体）："好"。

师：下笔就赞美，对吧？好雨啊！就情不自禁地赞美。刚才×××（指生 4）讲赞美之情油然而生，所以这里面有一个情，用拟人的手法，使得无情的物也有情了，从而传达了自己喜悦之情。特别是一个"好"字，一个"知"字,"知"是用来写雨,用的是拟人手法,而在雨前面又加了一个修饰语"好"加以强调。好,这一联理解得还是比较好的,接下来请看颔联,这地方怎么表达喜悦呢?××说说看,说不好没关系,第二联怎么"喜"?"喜"又从何来呢?

生6:"随风潜入夜,润物细无声",这里表现"喜"的是"润"。

师:表现喜的是"润",这话怎么理解?表达得不够清楚。"润",你觉得用得好,你觉得这一联里头还有几个词用得非常好?

生(部分):"潜"。

师:"潜"。

生(部分):"细"。

师:"细""潜"怎么表达这喜悦之情呢?好,×××讲讲看。

生7:它是不知不觉的,这就写出了这个雨的特点。

师:春雨的特点,春雨是怎样的?学过吗?

(生议论纷纷)

师:×××讲春雨像什么?

生8:像牛毛、像花针、密密地斜织的。

师:斜织着,还有一个像什么?三个比喻,像什么?学过了就忘了,还像什么?像细丝,好,请坐。这地方还没有理解好。

生9:绵绵的春雨随着风悄悄地潜入,随着黑夜降临了,它无声无息地滋润着万物,给万物带来生机。这里就是写细雨在不知不觉中,悄悄地给大地带来无限生机,作者是把自己高兴的感情寄寓在静态的景物之中。

师:把高兴的感情寄寓在静景之中。

生9:就是在静景当中表达自己的高兴心情。

师:感情寄寓在——

生9:静景中。

师：看来这地方是有点困难，到底喜从何来呢？我们先看"随风潜入夜"，这"潜"字大家觉得用得好，"随风"这个是什么风啊？

生（部分）：微风。

师：微风。

生（部分）：吹面不寒杨柳风。

师：对！同学们讲得很好，"吹面不寒杨柳风"，随着这个春风啊，悄悄地来到夜晚，对不对？是随风潜入夜（板书：夜），那么这雨的形态是怎样的呢？

生（部分）：细。

师：细，"润物细无声"这是从什么角度来写的？

生（多数）：听觉。

师：听觉，润物细无声，滋润万物，刚才××（指生9）讲得很好，这雨悄悄地在人们不知不觉中它已经来到了人间，它来干什么呢？滋润万物给大地带来了无限的生机，××的这个理解是很好的，他是听出来的，侧耳细听（板书：听），这联理解跟前面不一样，前面因为一个"好"字、一个"知"字，比较明显比较显露，这一联就比较含蓄了，所以我们理解起来就有些困难。你想想，如果诗人不高兴的话，会这样？他在夜晚应该是什么？

生（部分）：睡觉。

师：他睡了没有？

生（部分）：他在倾听。

师：噢，他在侧耳倾听，这个用得很好，侧耳倾听来表露自己的什么？

生（部分）：喜悦。

师：喜悦之情。侧耳倾听，否则睡着了怎么还知道"润物细无声"（笑）？这句子比较含蓄，"随风潜入夜，润物细无声"这地方理解有些难度,他为什么要写"细"? 写那个形态是为了表达自己的情,细雨绵绵密密地下着,轻柔湿润,滋润大地,滋润万物,所以诗人高兴得睡不着觉,侧耳细听,听到雨是怎么伴随着风,悄悄地来到人间,是怎么滋润万物而没有声音,你看这表露得是非常细腻的。

(生点头)

师:非常细腻。第三联。

生10:"野径云俱黑,江船火独明",这句话就是从视觉的角度来写的。

师:是从视觉的角度,对不对?

生(多数):对的。

师:好的。(板书:视)

生10:我觉得这句话里有四个字用得很好,就是"俱黑"和"独明"。

师:为什么?

生10:就是在这茫茫黑夜里看到江船渔火的光明,感到喜悦。

师:看到渔火亮,非常喜悦,那不在春天也可以啊?

生(部分):秋天。

师:秋天也可以(笑)? 我们先把这联诗句的含义解释一下,你讲。

生10:"野径云俱黑",就是——

师:"野"是什么?

生10:"野"就是野外。

师:野外、郊野。

生10:"径"就是小路。

师:对。

生10:"云"就是云。

师:"云"就是云。

生10:就是野外的小路还有天上的云都是——

师:"俱"什么意思?

生10:都。

师:都,都是"黑人"。(笑)

生10:这句话是说黑云密布野外的小路都看不见了。

师:他理解得对,接下去讲。

生10:"江船火独明"就是唯独江上的渔船亮着渔火。

师:江面看得见吗?只看到江面船上的星星渔火,好,"独明",唯独只有船上的渔火是明亮的,其他都看不见,路也看不见,说明怎么样?

生10:就是看到了希望在春天。

师:看到了希望(笑),看看谁能说好。

生11:这预示着春雨还将下下去。

师:他讲得很好。

生11:因为春雨贵如油,诗人想到这一点就感觉到非常喜悦。

师:他理解得对不对?

生12:还有春天到了,水涨起来了,有鱼了,所以喜。

师:也可以这样理解,请坐。诗是可以有联想空间的。

生(部分):有意境。

师:这里有意境,诗它本身是可以跳跃的,因此我们读诗的时候要发挥自己的想象去适当地描绘,否则的话就很难把它理解得——

生(部分):透彻。

师:透彻!那么,前头讲是侧耳倾听,听到这雨是润物细无声,他心里非常高兴,春雨是及时雨,春雨来到以后万物生长。但是这个雨到底是下一会儿,还是要下很长时间呢?诗人怕这雨怎么样?

生(部分):停。

师:停,因此就从侧耳倾听的近处(板书:近→)爬起来出去看一看。

生(部分)：到远处。

师：到远处，对！(板书：远)，第三联转换了地点，对不对？出外看一看，路也看不见，跟天上的云一样黑，而江面也看不见，唯独只有渔船上的灯火，灯有点亮，因此这雨怎么样？

生(部分)：会下下去。

师：雨要下下去，不会马上停的。这是正面写雨？

生(部分)：侧面。

师：对！侧面写雨，前面是写喜得睡不着觉，因为听不见了，所以要有行动去看一看，看看这雨还会不会下下去，这里就进一步表露自己的喜悦之情。这个春雨密密绵绵地会下个不停，因为"野径云俱黑"。接下来到第四联，你们看是怎么个"喜"法？

生 13：这联写的是拂晓，作者看那花都湿了，沉甸甸的，整个城的花都是沉甸甸的。前面三联都是表露了作者喜悦的感情，使作者情不自禁地想到了天明，第四联是联想的部分，他因为喜悦而想到天明，天亮了以后花沾了雨水以后沉甸甸的，使整个城市成为花的海洋。

师：(板书：晓)理解得对不对？有补充吗？

生 14：我不同意他的理解，也可以是第二天看的，因为诗可以在时间上作很大的跳跃。第二天，诗人走到外面去看，能看到美丽的花儿，锦官城的花——

师：锦官城是什么地方？

生(部分)：成都。

生 14：(继续讲)饱受了雨的甘霖。

师：用得很好，饱受了雨的甘霖，都沉甸甸的，分外——

生 14：妖艳。

师：妖艳。

生 14：所以仍然是"喜"雨。

师：喜的仍然是雨，你觉得不是想象，区别就在这里，好。前三联是什么？雨中（板书：雨中），对第四联写雨后有不同意见的，好，×××讲。

生15：关于刚才讨论的是想象，还是真实的描写，我认为没有必要。不管是诗人的想象还是亲眼看到的，都是一样的景象。

师：都是一样的景象，表现诗人的——

生15：同一个目的。

师：同一个目的，表现诗人的——

生（部分）：喜悦。

师：为了同一个目的，表达喜悦的心情。

生16：如果说是第二天去看的，那就有两个地方不好。

师：如果是第二天去看的话，就有两个地方不好，哪两个地方不好？

生16：一个是诗的题目是《春夜喜雨》，是夜里，第二天就不是夜里了。

师：好的。

生16：其次如果他是幻觉的话，那么诗就非常有意境。

师：非常有意境，诗意更浓，大家同意×××讲的吗？因为是春夜喜雨，所以从夜写到天亮，但他人现在还是在春夜。所以第四联是从雨中写到什么时候？

生（部分）：雨后。

师：雨后（板书：雨后）。这是想象当中的景色，天亮了去看一看，那一定是红湿处，是花开的地方，这个花为什么是湿的呢？

生（多数）：雨。

师：饱含了雨水的滋润，因此是"花重锦官城"。

生（部分）：花重。

师：对，花重，沉甸甸的，刚才××讲得很对。"重"是花饱含了雨水后沉甸甸的,因此锦官城里是花的海洋,花的世界。我们看看,整整四联没有出现一个"喜"字,但是喜在其中,喜溢于纸上,这就是作者十分高明的地方,所以人们说这首诗是通体晶亮,诗人把这情融于景中。作者写得有层次吧?

生(部分):有。

师:对,这一点很清楚,是层层递进(板书:层层递进),这层层递进表露什么样的感情呢?

生(集体):喜悦。

师:喜悦之情,这种感情十分细腻,也十分深刻(板书:细腻深刻),既有正面的写春雨,又有侧面的什么?

生(集体):渲染。

师:渲染、烘托、映衬。既有实写——

生(多数):又有虚写。

师:哪一种是虚写?

生(部分):晓看。

师:对,"晓看红湿处,——"

师、生(集体):"花重锦官城。"

师:好,现在自己读,读了把它背出来。

(生自读)

师:好,背诵,背的时候要注意,要把这个深情在什么地方表露出来?

生(部分):在字里。

师:在字里行间表露出来,在含蓄的语言当中表露出来。"春夜喜雨——"预备——起。

(生集体背诵)

师:这首诗情深而含蓄,把春天写活了,把春雨写活了,把诗人的什么写活了?

生(部分):情。

师:情,把喜悦之情也写活了,而且是写得比较含蓄的。第二首,白居易的《忆江南》。这是白居易老年时写的,这词跟前首诗不一样,比较显露。公元838年,白居易住在洛阳的时候,他回想过去在江南的情景,就写下了《忆江南》三首,他曾经做过什么地方刺史?知道吗?

生(部分):杭州。

师:杭州刺史,还有?

生(部分):苏州。

师:苏州刺史,因此他对江南的景色非常熟悉。后来他在洛阳的时候,就写下了《忆江南》三首,这是三首当中的第一首,这首词中只用一个对仗的句子,就把江南水乡的特点写出来了,哪一个句子?

生(部分):"日出江花红胜火,春来江水绿如蓝。"

师:对,那你们说说看,这个句子怎样写出江南水乡的特点?为什么说这一句子就把江南水乡的特点写出来了?××讲讲看,水乡特点,抓住什么来写的?(生摇头)说不出来?谁说得出来?

生17:一方面是通过颜色来写的,是红、绿和蓝,还有一方面——

师:蓝不是颜色,是蓝草。

生17:还有一方面是通过花,通过水来写的。

师:有补充吗?你说。

生18:主要是围绕着江南最大的特点来写。

师:什么特点?

生18:是江南水乡以江花闻名这一点来写的,因为"日出江花红胜火",这里写的花是江花。

师:江花是什么花?江里有花吗?

生(部分):江边的花。

师：江边的花。

生18：还有"春来江水绿如蓝",他写的江水也是江南的江水。

师：绿如蓝。

生18：就是翠绿的如蓝花草一样。

师：蓝花草,这兰花的"兰"是哪个字?（板书：蓝）这是蓝色的蓝,蓝天的蓝,兰花的兰(板书：兰)是这样;好,还有补充吗?"江花"是江边之花,"江水"是江中之水,这水乡的特点对吗?江边花红胜火,是在什么照耀下?

生（部分）：太阳。

师：太阳照耀下红胜火,分外地鲜艳;江水呢,一句话就把水的色泽、亮度都写出来了,绿如蓝是比喻,它的亮度它的色泽是绿色的,是江南春日的特点。江花于江水用什么来进行对比?红和绿,以火和蓝作比,使得色彩非常——

生（多数）：鲜艳。

师：鲜艳,所以只要看这一联对仗,就把江南水乡的特点,春日太阳下面江南水乡的特点写出来了,那是由于作者对江南非常熟悉。开头一句哪个词说明这是"忆"江南?

生（部分）：旧。

师："旧"是什么?过去;"谙",很熟悉。最后一句"能不忆江南",你们看怎么样?以反问作结有什么好处?

生（部分）：意味隽永。

师：意味隽永,对,(板书：隽永)词是短的,但是什么很长啊?

生（部分）：情。

师：对,情很长,词短情长。这一句跟第一首诗的融情于景相比较的话,前面是含蓄的,而这一首呢?

生（多数）：显露的。

师：对，显露，前面是融情于景，笔法很含蓄，而第二首的情是表露在字面的，比较显露，最后一句以反问句作结(板书：显露)，词短情长，激发人们的想象。好，我们一起把它读一读，背一背。《忆江南》，白居易，预备——起。

(生集体齐读)

师：这能不忆江南？一定要读出什么味道来！词短情长啊！好，背的时候注意，"日出江花红胜火，春来江水绿如蓝，能不忆江南？"(示范朗读)这个情才深才长啊。好，试试看。

(生集体齐读)

师：好，第二首是忆杭州，第三首是忆苏州。接下来我们学第三首《渔歌子》，作者张志和，第一次碰到，请看注解，是什么朝代、什么地方人？

生(部分)：唐朝。

师：(学生举手)好，×××说。

生19：作者张志和，字子同，金华人。

师：好，这个词牌是张志和创作的，他曾经做过小官，后来就隐居在江湖，他称自身是什么？×××你翻的什么参考书？(出示给大家看)

生20：这本书是《唐宋词一百首》。

师：你说说看，他自称什么？

生20：自称烟波钓徒。

师：自称烟波钓徒(板书：烟波钓徒)。不知道的同学记一记，烟波钓徒。自称烟波钓徒是因为他长期泛舟在江湖之间，因此他写这个渔夫垂钓的词，就分外有生活情趣。这首词我看不难，特点是什么呢？特点是五色斑斓(板书：五色斑斓)，请你们按照这个特点作画，以诗意作画，最好用彩笔。

(生集体绘画)

师：(边巡回边讲)速度快一点，看书再画，一句句看，再根据诗意作画，注意五色斑斓怎么安排，看谁画得最快，画好了举手。(学生举手)有的已经画好了。我们看看(出示一位学生的画)，第一句"西塞山前白鹭飞"，对不对？

生(部分)：不对。

师：不对，说是画得不好，这是山(指画)，山应该用什么颜色？是什么季节确定了没有？

生 21：春天。

师：春天，你怎么知道的？

生 21：桃花。

师：对，"桃花流水鳜鱼肥"，因此这山应该是淡绿，对不对？新绿、白鹭，这里没有白的，再看这个画的是桃花，这是流水，还有呢？看看"青箬笠，绿蓑衣"，看行不行？这色彩画得对不对？

生(部分)：不对。

师：这张色彩好像还不行。再来(又拿起另一位学生的画)，这个非常简单，(又拿一张画)这个可以吧？比例不对，(再拿一张)这个呢？这个是什么颜色？这地方有桃花吗？

生 22：有的。

师：在哪里？

生 22：已经落花。

师：已经落花了，行吗？(生大笑)这个(又拿一张画)画得还不错，就是小了一点。(再拿一张画)×××画得很好，山怎么样？远山，看到吧？

(生部分争着看)

师：再看××画的，这红的什么？注意，我们从同学们这两三分钟的勾勒中，就可以看出，词里面有画意，刚才讲的五色斑斓，看看有多少种颜色？有什么？西塞山、青山还有——

生（部分）：白鹭。

师：白鹭。

生：桃花。

师：桃花红的，青箬笠，绿蓑衣。水里头——

生（部分）：鳜鱼。

师：鳜鱼，青黄色的，因此确实是五彩斑斓，这作者是设色的高手（板书：设色高手），刚才从同学们画的画面去看，山是什么？

生（部分）：高的。

师：水呢？

生（部分）：低的。

师：有高有低。

生（部分）：层次分明。

师：对！层次分明，除了高低之外还有什么？

生（部分）：远近。

师：远近，山是远的，垂钓呢？

生（部分）：近的。

师：近的，"斜风细雨不须归"怎么讲？

生（部分）：流连忘返。

师：应该是陶醉在细雨斜风——

师、生：之中。

师：垂钓之中，乐而——

师、生：忘返。

师：这里写得非常优美，富有生活情趣。刚才讲的是静景，有没有动景？

生（部分）：有的。

师：什么地方动？

生（部分）：白鹭飞。

师：一个是飞，还有？

生（部分）：流水。

师：对！流水。

生（部分）：还有鱼。

师：鱼是游的，还有呢？

生（部分）：斜风细雨。

师：斜风细雨，对！它是动静结合（板书：动静相映），整个的是静景，但是它又静中——

生（部分）：有动。

师：空间的层次非常分明，像这样的诗，本身就有画意，诗情画意，山光水色，我们回想一下，这垂钓的诗我们还学过什么？

生（集体）：《江雪》。

师：《江雪》，作者是谁？

生（集体）：柳宗元。

师：是什么季节？

生（集体）：冬天。

师：冬天，好，我们一齐背背看，《江雪》预备——起。

生：（集体背诵）"《江雪》，柳宗元。千山鸟飞绝，万径人踪灭。孤舟蓑笠翁，独钓寒江雪。"

师：那跟春天的景色一样吗？

生（集体）：不一样。

师：不是五色斑斓而是什么？

生（部分）：白色。

师：白色，这山都是"千山鸟飞绝"。我们还学过一首。

生(部分)：《江上渔者》。

师：《江上渔者》的作者？

生(集体)：范仲淹。

师：记得吧？预备——起，《江上渔者》预备——起。

生：(齐背)"《江上渔者》，范仲淹。江上往来人，但爱鲈鱼美。君看一叶舟，出没风波里！"

师：这一首《渔歌子》是恬然垂钓对不对？陶醉在美景之中乐而忘返，而《江上渔者》呢？

生(部分)：是写辛苦。

师：是写辛苦，只晓得但爱鲈鱼美，没想到渔夫出没风波里，因此它的画面主要在什么地方？

生(部分)：水中。

师：风波里。我们刚才比较了一下这三首诗词，得到一个结论，有些写景抒情的诗，它是既有诗情——

生(多数)：又有画意。

师：就是诗有画的形象。这首《渔歌子》历来是被人们所称颂的，讲它词句清丽，字字入画，所以我要你们画一画，就是这个道理。(板书：字字入画)好，现在我们一齐背一背。

(生集体齐背)

师：我们读了一些词，读了一些诗，但是真正要理解我们文学宝库当中的诗词还是——

生(部分)：相距甚远。

师：对！相距甚远。现在把两句话记下来，你就知道老师说这句话的用意，古人说过这样的话，"凡操千曲而后晓声"，"操千曲"(板书：操千曲)听到过吗？

生(部分)：听到过的。

师："而后晓声"(板书：而后晓声)，"凡操千曲而后晓声,观千剑而后识器"(板书：观千剑而后识器),这是刘勰讲的,《文心雕龙》的作者。这是什么意思？

（生议论纷纷）

师：听到什么晓声？

生（部分）：声乐。

师：懂得了声乐、音乐,但是要经过多少次啊？一次又一次的练；"观千剑而后识器",这剑是好还是不好,要经过许许多多的历练才有识别能力,我们仅仅是读了一点诗词,跟我们文学宝库当中的珍品比起来,那是相差得很远很远,所以除了课堂里学之外,课外要关心、阅读、赏析、品味,多读、多思考,运用自己的想象可以逐步领会我们文学宝库当中的精华。课后把几首诗词背出来,还要怎么样？

生（多数）：默写。

师：默写,要理解要默写。下课。

【板　　书】

一、融情于景　　二、显露　　三、五色斑斓(设色高手)

夜——晓

细腻深刻　　听——视　凡操千曲而后晓声，　动静相映

层层递进　　近——远　观千剑而后识器。　（烟波钓徒）隽　蓝　兰

雨中—雨后　　　　　　　　　字字入画

写作教学

"'一件工艺品'作文讲评"课堂实录

时间：1985年6月9日
执教：杨浦中学　于　漪
班级：初三(4)班

师：我们在学《核舟记》的时候，曾经对雕刻核舟的人以及写《核舟记》的作者作了一个评论，有那么两句话，大家还记得吧？讲讲看。

生(部分)：刻者惨淡经营，笔者织锦成文。

师：刻者惨淡经营，笔者织锦成文(板书：刻者惨淡经营　笔者织锦成文)。刻核舟的是谁啊？

生(部分)：王叔远。

师：那是苦心构思，技艺——

生(部分)：高超。

师：精湛、高超。写《核舟记》的是谁？

生(多数)：魏学洢。

师：把核舟还有舟上——

生(部分)：人、物。

师：舟上的人，舟上的物都写得清楚明白，因此我们说刻者和笔者是相得益彰，刻得好，刻得精湛；写得好，织锦成文。我们学了这一篇说明文之后，要求同学们学习笔者观察事物的眼力，也学写一篇文章。对象是什么呢？是工艺品。我们发了几十张工艺品的照片，请同学们仔细地观察并且有条理地加以说明。写的情况如何？这一节课我们就讲评同学们介绍一件工艺品的说明文，研究应该怎么写，精致的物品（板书：精致的物品）应该怎么观察？（板书：观察）在观察的基础上又怎样来加以说明（板书：说明）。总的来看，同学们观察得还是比较仔细的，但是在学写的时候有粗细之分、正误之别、好差之异。今天我们着重讲评四篇，讲义发下来了，请同学们读一读。

第一篇《人物纹竹雕笔筒》。人物纹竹雕的笔筒（出示画片），写的同学是看得非常仔细的，我们仔细看一看，好，传下去看（生——传下去看）。再讲评一篇是《扁豆瓶》，玉雕（出示画片）。好，传下去，都仔细看一下，看了以后我们才好分析。还有两位同学写一样的，都是写这张上海玉雕（出示画片），这个后面是"荷花鹭鸶"，这两个同学写的对象一样，看文章是否有区别。现在请同学们轮流着看一看。

我们先来看第一篇（板书：人物纹竹雕笔筒）。这篇文章和这图片上的工艺品是不是吻合，这是第一个问题；第二，他是按照什么顺序来说明的；第三，语言上有何特点。三个问题。记清楚了没有？现在先请一个同学把这篇读一读。

生1：（朗读）"人物纹竹雕笔（bí）筒——"

师：怎么读？重来。

生（部分）：笔（bǐ）。

生1：（朗读）"人物纹竹雕笔筒。这是一只竹雕的笔筒……而且具有鉴赏的价值。"

师：好，请坐。这什么字？（板书：吮）

生（部分）：吮（yǔn）。

师：怎么读？正音。

生(多数)：sh－ǔn→shǔn,吮。

师：看来有几个不会读。这个字(板书：shǔn),对不对？不能读半边,秀才识字识半边。"吮吸",注意,把它音注起来。还有其他不认识的字吗？刚才读得不太顺。好,我们看看这篇写的和画上的是不是吻合。现在这张画片在谁那里？(生传给老师)请发表意见,要写好它首先要抓住说明对象的什么？

生(部分)：特征。

师：他抓住了没有？首先是抓特征,(板书：抓特征)抓准了没有？(指一学生)你说说看。

生2：说不出。

师：看不出来,你把说明的顺序讲讲看,怎么说明的？这看得出来吗？(同学举手)好,××说,说明的顺序怎样？

生3：由主到次。

师：由主到次,为什么？

生3：这个画面上,主要画了两个人。

师：画了两个人,因此就是由主到次。

生4：作者先是总体地进行说明,就是介绍它的长,它的直径,然后再由整个画面的主到次,首先他介绍了——

师：说得慢一些,你是说由总,哪一句是写总？

生4：第1段。

师：第1段,对不对？

生(部分)：对的。

师：由总,先说。

生4：然后第2段,在分的当中他又是先写主要的,就是先写两个人物。

师：先写主要的,再写次要的。(板书：总—分　主—次)还有吗？

生4：我觉得他里面有一个没有写出来，就是画面上的笔筒，不是始终直的，这里是弯的，他没有写出来。

师：没有写出来。

生4：是这样的。

（学生议论纷纷）

师：你发表你的意见，不要人家一反对就——

生4：他这里只写了苍松的委婉曲折，其实这整个笔筒也不是直的，仅我平时看到的笔筒这两边——

师：平时他看到的笔筒是直的，这下面是有一定弯度的，看到了没有（指着画片）？这么细小的地方没有看出来，讲得对不对？对的。××你说说看。

生5：我觉得他这篇文章写的是有一定的位置。

师：有一定的位置顺序。

生5：他先由骑在毛驴上的主人写起，然后再写到座下的毛驴，由上写到下。

师：由上写到下。

生5：然后再回到上面，写驴上主人的神态。

师：由上写到下（板书：上—下），再回到——

生5：上。

师：（板书：—上）写到主人的神态。

生6：然后再写他座上的毛驴，毛驴的神态和它委屈的样子。

师：按照空间的——

生6：空间顺序，然后再到老翁左边的书童。

师：由哪里到哪里？

生6：然后写到左边的书童。

师：先写什么？

生6：先写中，然后到左。

师：写中（板书：中），然后呢？

生6：到左。

师：到左。（板书：—左）

生6：然后再到右。

师：再到右。（板书：—右）

生6：是一棵苍松。

师：因此他的空间是有一定的顺序。

生6：然后再由下到上。

师：由下到上。

生6：苍松的枝干是向上翘起的，有腾飞冲天之势，然后再由下写到上，苍松枝顶上迎着一朵浮云，犹如一缕青烟，再写到地下的怪石和青青的小草。

师：由上再写到下，是不是这意思？

生6：他是抓住空间的位置来写的。

师：抓住空间的位置，对不对？

生（部分）：对的。

师：从上到下再到上，再到下，是按照一定的空间位置来写的；从中到左再到右，也是按照一定的空间位置写的，对不对？因此我们说这个写得怎么样？

生（部分）：层次分明。

师：层次分明，有没有条理啊？

生（部分）：有。

师：对，是比较有条理的（板书：有条理），好，这个说得比较清楚。那么语言上有什么特点呢？

生7：我认为他有些字用得比较好。

师：哪些字呢？

生7：如在描写书童的时候，说他圆头圆脑很是可爱，这符合图片上的画，这书童的样子非常有趣。

师：非常的有趣，圆头圆脑的。

生（部分）：有特征。

师：抓住了人物的特征。

生7：还有就是这苍松枝顶上刻着一朵浮云，或者说有一朵浮云，他是说"迎着一朵浮云"。

师：对，这"迎"好在什么地方？

生（部分）：动感。

师：动感，"迎"着一朵浮云；还有其他的吗？

生8：还有就是"似乎也在吮吸山野的精华"，这"精华"两个字用得比较好。

师：为什么，说响一点。

生8：就是山野的最优美的风景都包括在里面了，他用不着再去多加描写了，这样也显得比较简练。

师：语言比较简练。

生8：还有"老翁右面是一苍松，盘绕回旋，蜿蜒曲折，颇见风骨"，这"风骨"也用得比较好，写出了苍松……苍松的挺拔和曲折，是有——

生（部分）：高节。

师：古朴，这里说是高风亮节很有风骨。还有什么补充？

生9：过去我们在写说明文的时候，讲要注意文学性，而这篇文章的作者也注意了这个方面，比如他在里面讲："他座下的毛驴……吮吸山野的精华。"这里是不仅加以说明，而且加以适当的描写。

师：你说。

生10：我觉得这篇文章的第1段写得很好，因为这儿的语言非常简练,简单的几笔就勾勒出这笔筒的特征,因为——

师: 这特征是什么? 你能够把它说具体吗?

生 10: 这是一个竹子雕刻的,竹子雕刻就是——

师: 抓准什么来写?

生 10: 质地坚硬。

师: 刚才我们讲不出来,现在再看一下讲,质地坚硬的,对不对?

生 10: 而雕刻者抓住它质地坚硬,是因势象形,顺着纹路刻,显示出了技巧,所以我觉得他写得很好。

师: 这是总体上来写的。

生 11: 这里作者还抓住了一个特点,就是古色古香。

师: 古色古香。再看一看(再次出示画片),还有补充吗?

生 12: 还有他比喻用得非常好,如"巨龙欲腾飞冲天之势",这使人感到一种动感;作为一篇说明文,他还有议论的话"由此可见雕刻者技艺不凡。"

师: 这就把雕刻者的技巧加以评价了。

生 13: 这篇文章在描述的同时还展开了一定的联想,比如写主人,"他回首眺望,仿佛在观察远处山间的美景";还有写毛驴"似乎也在吮吸山野的精华",写书童也被美丽的山色所吸引,这里都是展开联想,都是突出了山间的美景。

师: 不仅是具体说明了这个竹雕笔筒上雕刻的花纹,而且习作者还怎么样? 展开联想,因此语言除了简洁之外,还比较生动,语言简洁生动(板书:简洁生动)。刚才有同学说,这说明文的顺序是由总而分,那最后一段呢?

生(部分):又是总。

师: 又是总,所以条理是很清楚的。说明时必须抓住被说明对象的特征,而且说明的时候要按照一定的顺序有条理地写,可以先总后分再总,可以先主后次,也可以按照一定的空间顺序,语言要简洁生动。那么为什么这篇文章能够写得如此呢?现在我们请习作者自己讲讲。

生 14:我写这篇文章主要是对照片进行了仔细观察。

师:对照片进行仔细观察,你怎么观察的?

生 14:从不同的角度进行仔细观察。

师:好,你说你怎样观察,怎样从不同的角度。

生 14:在观察的时候,还发挥联想。

师:还发挥了联想,你是怎么观察的?精致的物品那么细小,你是怎么观察的?从不同的角度,还有呢?

生 14:还有就是边观察边联想。

师:边观察边联想。

生 14:在写文章的时候,主要是模仿《核舟记》的写法来写的。

师:模仿《核舟记》的写法来写,你写之前看了几遍了?

生 14:看了四五遍。

师:看了四五遍,看一遍是不是写得出来?

(生 14 摇头)

师:写不出来,因此一而再再而三地看,也就是要——

生(部分):反复看。

师:反复看,就成竹在胸了,是不是这个意思?还有别的吧?

(生 14 摇头)

师:好,请坐。所以要把这样精致的工艺品说清楚的话,首先要锻炼——

生(多数):眼力。

师:对,锻炼自己的眼力(板书:锻炼眼力),观察不清楚怎么写得好?首先要反复看(板书:反复看),他就看了四五遍。他先总后分,是建立在什么基础上面的?是脑子里凭空想出这样一个说明条理的?

生（多数）：观察。

师：对，反复看。要看清楚这只笔筒，先要看到什么？

生（部分）：整体。

师：整体，对了，先是整个的要把它看出来（板书：整体）。可能××刚才说得不够具体，好像写的时候就这样写了，其实写之前要看好多次，对不对？先看它的整体，所以才有第1段的文章。接下来要看什么？

生（部分）：局部。

师：对了，局部。你们刚才讲的主人啊，书童啊，毛驴啊，这个都是什么？

生（部分）：分开来写的。

师：对，分开来写的。如果局部看不清楚的话，就没有办法写好局部（板书：局部），之所以写这个书童是圆头圆脑，之所以能够把这毛驴写得这样，那一定是什么啊？把局部看清楚。除了整体、局部之外，还有——

生（部分）：细部。

师：什么地方是细部？

生 15：就是最后一句，"在路旁有怪石突出，路上有青青小草"。还有就是"苍松枝顶迎着一朵浮云，飘飘然如一缕青烟。"还有——

师：还有吗？

生 16：写书童的时候，写额上的发髻凸起。

师：额上发髻凸起，还有什么地方是细部？

生 17：还有他在写主人座下的毛驴的时候描写到，毛驴也竖起双耳，圆睁眼睛。

师：毛驴也竖起双耳，圆睁眼睛。还有一个地方也是描写毛驴，细部描写，找到没有？什么地方？

生18："它的四蹄微曲,当中镂空,富有立体感",这里也是细部描写。

师:细部描写。一定要看得精细才能够把细小处写出来(板书:细部),因为是精致物品,不把细部写出来怎么叫精致呢?所以观察有个反复看的问题。为什么比较生动呢?刚才讲了一点,他写的时候怎样啊?边看边联想(板书:边看边联想),用想象来补充,就把这静物写得活起来了,把物品和自己的——

生(部分):感想。

师:和感受结合起来了。把客观的物品和主观的感受(板书:物品感受)结合起来,就使这个静物变活了。所以介绍工艺品的时候,也是可以把静物写活的。他这当中还说了一个内容,是多角度。但他在具体讲的时候没有讲到多角度,他写的时候有没有角度啊?我们看《扁豆瓶》(板书:扁豆瓶)当中一段说明,这一段是怎么写的?谁来读一读?好,××,当中一段是怎么样从多方面来看的。(板书:多方面看)

生19:(朗读)"扁豆瓶高半尺有余……一点不感到刺眼。"

师:请你看看有哪些方面?刚才这张图片在谁那里?(传给老师,出示给大家看)他怎么看的?说说看。

生20:他是从六个角度来描写的。

师:六个角度,哪六个角度?

生20:一个是密,一个是疏,密和疏。

师:密和疏。

生20:分和连。

师:分和连。看看是不是这样分——和连。

生20:还有明和暗。

师:还有明和暗,看看(出示画片)这个地方是明的有光亮的,这个地方是暗的,还有吧?

生21：我认为还有一个粗看和细看。

师：粗看和细看。

生（部分）：有的。

师：粗看怎样？细看怎样？这是不是多方面看？还有吗？你们把它归纳一下，我就不写了，一是什么？

生（部分）：多角度。

师：多方面看，哪些方面自己去思考，粗、细；明、暗；分、连；密、疏；主体和基座等。（板书：多方面看　粗　细……）对不对？这多角度观察，我们这次作文很少有同学注意到，多角度看应该怎样看呢？

生（部分）：平视。

师：平视，还有——

生（部分）：仰视。

师：仰视。

生（部分）：正视。

师：正视。

生（部分）：侧视。

师：很遗憾这次没有同学写，所以这方面我们观察眼力还不够。从上面所说的这一些，我们就知道，要像《核舟记》那样的，说明文写好容易不容易？

生（多数）：不容易。

师：是很不容易的。对这一类的精致物品说明，首先是锻炼自己的眼力，如果观察这一关没有过好，说明上面就会有差错。我拿给大家的"上海玉雕"在哪？

（生传上画片）

师：还有一张也传上来。（生传上）这是两位同学按照两张画片写的，一个是里面的，一个是外套，都是一个东西——工艺品，写同一个东西通常写出来的文章应该怎么样?

生(多数):一样。

师:一样。可是实际写出来的呢?

生(部分):差不多。

师:差不多? 底座对吧?

(生点头)

师:这是对的,上面呢?

生(部分):主体。

师:主体,这也是对的,这是什么质地的?(指着画片)

生(部分):玉。

师:玉的,这个是玉雕。这上面雕的是什么呢? 荷花和什么?

生(部分):鹭鸶。

师:鹭鸶,荷花和鹭鸶。现在问题出来了,要写清楚,首先就是不能有差错,那你们找找看,这两篇文章《上海玉雕》和《荷花鹭鸶》在鹭鸶的说明上面有没有差错? 找到没有?

生22:×××是鸳鸯,××写的是鹭鸶。

师:怎么说法?

生(议论):鸬鹚。

师:鸬鹚就是鹭鸶?

生(部分):不一样的。

师:鹭鸶。好,你说说看怎么写的?

生22:×××把这个工艺品分为整体和基座两个部分来写的。

师:大家看对不对?

生22:而××就是,一样的。

师:那是相同的,有没有不同的地方?

生22:××还写了这精致品长度和宽度。

师：长度和宽度,而×××？

生（部分）：忘了写了。

师：这需不需要写？

生（多数）：需要的。

师：遗漏了。还有吗？

生 23：×××在这篇文章里面说了还有鸳鸯。

师：还有鸳鸯。

生 23：他说是鸳鸯,××这里就没有说到。但是呢——

师：这四个大小不等的鸳鸯各具神态。还有什么地方？

生 23：这×××和××都没有注意到在下面有一个既像鸭子又像鸳鸯的——

生（部分）：就是鸳鸯。

师：是鸳鸯。

生 23：那××没有写。

师：××都把他看成什么了？

生 23：鸬鹚。

师：鸬鹚是怎样的特点？

生（部分）：长腿。

师：长腿,对吧？"这个地方长腿的一只,下面呢？鸬鹚和鸳鸯的嘴跟脚部都不一样,一个是扁嘴,一个是——"

生（部分）：尖嘴。

师：而且腿的长短是大有区别,所以不能看差错。这个鸬鹚在什么地方？有的看不清楚。下面是鸳鸯,这两只鸬鹚在什么地方？一只在旁边,还有呢？

生（部分）：上面。

师：对,这只在上面。因此看精细物品的时候——

生24：×××好像也没有写这鸳鸯，××也没有写。

师：他写什么？

生24：应该是两只鸳鸯露在水面上，他以为是鹭鸶了。

师：以为是鹭鸶了，也错了。

生24：而且他少看了一个。

师：少看了一个。

生25：这里×××讲，主体中央是一个石柱，而××讲主体部分是由初露芳华的莲姑和悠然自得的鸿鹚构成的，实际上这画片上是没有莲姑的。

师：我为什么要把两张放在一起比较呢？说明我们看的时候要怎么样？

生（部分）：精细。

师：要精细，要无差错（板书：无差错），还要无什么？刚才讲还有些没有观察到，是无什么？

生（部分）：无遗漏。

师：（板书：无遗漏）要无遗漏。写一篇说明文，如果写差错了，这篇说明文就——

生（部分）：失败了。

师：说明要说得明白，首先要怎样？

生（部分）：准确。

师：准确，无误，这是先决条件。

生26：我觉得×××这篇文章有一点是不够的，就是他既然是要写玉雕，可是他在描写的过程当中只抓住了事物的形态展开联想，而忘了它本身的特征，这是由玉雕出来的。

师：是由玉雕出来的，相比之下——

生26：××就有简单的概括。

师：有简单的概括说明，对不对？×××你同意吧？（习作者本人）

（生点头）

师：所以前头我们讲的两篇文章，要写好说明，你首先要抓住什么？

生（部分）：特征。

师：特征，你不抓住特征，你怎么知道？那个竹雕质地很硬，扁豆瓶是绿色翡翠的。这里是写荷花鹭鸶，"鹭"怎么写法？

生（部分）：上面一个路，下面一个鸟。

师：（板书：荷花鹭鸶）上海玉雕（板书：上海玉雕）在写的时候一定要抓住特征，不抓住的话，就不知道这是什么。我看你们这些作文，你们把画片都怎么样？夹在作文本里头，我在批改的时候是以图来对你们的文，发现其中有差错，遗漏很多，相比之下《人物纹竹雕笔筒》和《扁豆瓶》就比较好一点。可见这精致物品的介绍是很不容易写的，要锻炼我们的眼力，而且要十分精细，怎么做？我再把画片发下来，请你们对照自己的作文，做一件什么事情呢？

生 27：修改。

师：怎么修改呢？你们说说看。

生 27：减少误差。

师：减少误差，要看真切无差错，对吧？第二要梳条理，要把条理梳清楚，不能东一榔头西一棒子，第三就是语言啰唆和不通之处加以修改。当然要写好这篇文章的关键在什么？

生（多数）：观察。

师：对，观察是智慧的能源（重复一遍），刚才不是讲到，边看边联想，跟你旧有的知识相结合，你观察的时候就可以使你的知识进入周转，对你要描绘的事物就可以看得更加真切无遗漏处，所以再把画片发下来，仔细对照。今天课我们就上到这里。

下课。

【板　　书】

精细物品的观察和说明

锻炼眼力 ⎰ 反复观察,巨细不漏,细微处尤其看真切
　　　　 ⎱ 多角度观察,看出层次,看出多种形态
　　　　　　——平视、仰视、俯视、正视、侧视……
　　　　 ⎱ 边观察边联想,使静物"活化"

表达准确——语言准确,说明有条理,使用合适的说明方法,夹以
　　　　　恰当的描写

"《0 与 32 之比》作文讲评"课堂实录

时间：1985 年
执教：杨浦中学　于　漪
班级：初三(4)班

师：今年的暑假非比寻常，全国人民几乎都沉浸在关心奥运会比赛的气氛当中，我们青少年学生也不例外。也就是说，奥运会上中国健儿的比赛牵动着亿万人民的心，不只是我们学生，老老少少都是争着看报纸，看体育新闻，听广播，看电视，正是基于这样一种情况，我们请同学们写了一篇作文，叫《0 与 32 之比》(板书：0 与 32 之比)，今天我们就对这篇作文进行讲评。首先请同学们考虑两个问题：第一，"0 与 32 之比"这样一个题目应该写成什么体裁的文章，是记叙文还是议论文？第二，请大家思考一下，0 会涉及哪些材料？32 会涉及哪些材料？听清楚了没有？我再重复一遍，0 会涉及哪些材料？32 会涉及哪些材料？现在请大家发表意见。

生 1：我认为这样一个题目应该写成议论文。

师：议论文，为什么？

生 1：因为这里主要是谈 0 与 32 的差别，要比较就要议论。

师：对不对？要比就要议论。

生 2：我认为应该是记叙和议论相结合，因为记叙是议论的基础，没有记叙,议论也就是空洞了。

师:有不同意见了你说。

生3:我认为这篇文章应该写成议论文,议论是通过举事例来议论,而不应该是记叙与议论相结合。这里写0的材料就是为了和32比,也就是通过0的材料来反衬出32。

师:反衬出32,请坐。现在我们来解决第二个问题,0会涉及哪些材料?32又会涉及哪些材料?它们分别会涉及哪些材料?

生4:0会涉及中国过去参加奥运会比赛的材料。

师:对!过去中国参加奥运会的一些情况和有关材料。32呢?

生4:32就是我国这一届参加奥运会——

师:这一届是哪一届?

生(议论):第23届。

师:第23届,参加第23届奥运会我们中国健儿所——

生4:(继续说)取得的辉煌成就。

师:它涉及这么两类材料。刚才××(指生2)讲这样的文章要有记叙,可能他理解得不是十分准确,你要议论的话一定要有什么?

生(议论):有材料。

师:对,要有材料。这样的文章既然是议论文,它就必须要有鲜明的观点,而观点从什么地方来的呢?要从材料当中抽出来。我们初写这样一类文章,还没有掌握其中的规律,所以这一次作文讲评我们就讲这个问题,就是从材料中提炼观点(板书:从材料中提炼观点)。作文没有鲜明的观点那就没有办法"比"(在板书"比"下面画圈),没有办法把它的实质揭示出来。怎么从材料当中提炼观点呢?我们就拿印发的这几篇作文来剖析一番,寻求其中的道理。

这里印了四篇作文,一篇是×××①的,一篇是×××②的,一篇是××③的,一篇是××④的。现在先请大家做第一件工作,就是请你们各找一篇文章里面的材料,比如×××①这篇文章里一共用了几个材料?用了几个事实?第二篇、第三篇、第四篇,同样如此。好,这组找第一篇,这组找第二篇,这组找第三篇,这组找第四篇。好,速度快一点,号码标一标。(在教室内巡回,了解学生找的情况)一共用了几个材料?号码标出来。仔细一点,有的找得少了,有的第一篇找了五个,有的不止。差不多了吧?好,我们先看第一篇,一个同学讲,找其他几篇的也同时看第一篇,看找得对不对?××,你先说用了几个材料?

生5:我认为×××在这篇文章里用了八个材料。

师:八个材料,好,第一个,大家画出来。

生5:第一个是在第1段中的,"许海峰的神射";第二个是"李宁的托马斯全旋";第三个是"中国女排的飒爽英姿";第四个是在1932年的洛杉矶奥运会。

师:这句话不行,1932年的洛杉矶奥运会,把它说完整,应该怎么说?

生5:1932年洛杉矶奥运会的——(说不下去了)

师:奥运会上——

生5:中国运动员的成绩。

师:嗯,捧回来的是——

生5:0。

师:好。

生5:(继续说)第五个是1984年奥运会中国运动员获得了15枚金牌、8枚银牌、9枚铜牌;第六个是中国女子篮球队、中国体操队以及后面的一些都是一个材料里面的。

师:都是一个材料?

生5:(继续说)第七就是中国运动员步入纪念体育场时,场外的合唱队全体起立表示欢迎。第八个材料是1932年外国报纸用鸭蛋取笑中国人是"鸭蛋冠军"。

师：好,请坐,有没有补充的?(学生举手)这里有补充,××讲。

生6：还有就是外界评论。

师：外界评论是一个很重要的材料,还有。

生6：还有,他说"把中国女子排球队、中国体操队和后面一些材料并起来",我看还是分开好。

师：这个地方分开来应该是几个材料?

生6：三个材料。

师：三个材料?

生(议论)：五个材料。

师：五个材料,一个是一跃成为世界强队,还有中国女子篮球,中国女子手球也什么——(生：跻)跻身于强手之林,所以这里是五个材料,还有没有?

生7：××说(指生5),第五个材料是在23届奥运会上中国运动员取得的15枚金牌、8枚银牌、9枚铜牌。我认为这是第六个材料,第五个材料应该是中国参加奥运会的人数。

师：有个数字225名,对吧。一共多少材料?十几个?

生(部分)：十四个。

师：十四个,一共有十四个材料。接下去我们看第二篇,就是××这篇文章。

生8：我认为××这篇文章一共用了十一个材料。

师：十一个材料。好,哪十一个?

生8：第一个是旧中国参加奥运会去了三次,捧回了三次0。

师：捧回了三次0,三个0这个材料,好的。

生8：第二个是许海峰获得了第一块金牌。

师：许海峰获得了第一块金牌。

生8：第三个是中国运动员在奥运会上写了以及挂了一条横幅；第四个材料是我国大力士获举重5枚金牌；第五个材料是男女体操健儿获5枚奖牌；第六个材料是女子跳水获1枚金牌；第七个就是栾菊杰获得1枚金牌；第八个是女排获1枚金牌；第九个是我国运动健儿一共获得了15枚金牌。

师：是这样吗？你再说下去。

生8：(领悟，继续说)第九个材料是李宁获得了3枚金牌，第十个材料是，两射击选手出人意料地独占鳌头。第十一个材料是中国运动员夺得了8枚银牌、9枚铜牌，共获得了32枚奖牌。

师：好。有不同意见吗？

生9：他漏掉一个，就是女排获得冠军，他们是在失利的条件下不气馁最后获得了冠军。

师：有这么一个材料，对不对？漏掉了一个。

(生10欲言而止)

师：一共几个材料？

生(多数)：十二个材料。

师：十二个材料。接下来我们看××的这篇文章，谁说？

生11：××这篇有六个材料。

师：六个材料，大家看对不对？

生11：第一个材料是许海峰为中国首开纪录获得第一枚金牌；第二个是郎平，郎平就是猛扣材料；第三个是李宁的，李宁体操的这个材料；第四个是吴数德举重的材料，举重取得金牌的材料；第五个是写栾菊杰获得奖牌的材料；第六个就是国务院电贺体育健儿的材料。

师：就是六个，对不对？

生(部分)：不对。

师：不对，还有吧？谁补充？

生12：还有三个。第七个是 7 月 29 日许海峰获得金牌,这是具体写的。

师：是具体写的。好,第八个?

生12：第八是栾菊杰打破——打破了保持八十多年的欧洲垄断剑坛的纪录;第九个是女排姑娘在半决赛中虽然以 1 比 3 输给了美国队,后来经过顽强拼搏她们又夺回了金牌。

师：请坐。两个人有没有区别?(指生 11、12)他们讲的有没有区别?一个是有些材料怎么样?用了两次;因此可以说六个材料,也可以说是九个材料;因为其中有三个材料是具体化了,你把它分开来讲也可以,合起来讲也可以。好××这篇文章看谁来说?××的这一篇用了几个材料?

生13：××的这篇共用了十个材料。

师：十个材料。

生13：第一个材料是中国代表团共夺得 32 枚奖牌;第二个材料就是法新社的报道;第三个材料是《泰晤士报》的报道;第四个材料就是中美女排的决赛;第五个材料就是中国三级跳远名将邹振先;第六个材料就是当时政府不重视,推说资金不够,让运动员自费去;第七个材料是张家口提供的材料;第八个材料是提供了运动服装;第九个材料是海军提供了干粮;第十个材料是民航提供了专机。

师：对不对?(生大部分点头,示意对的)好,××(指生 13)看得非常仔细,看来找材料并不困难。我们要写这类议论文,就要提炼出观点。第一步,首先要搜集和占有材料(板书:搜集和占有材料),不占有这些材料,怎么能提炼出观点?所以我们刚才做的第一步工作,就是请同学们找一找这几篇文章里面到底用了哪些材料。正因为这些文章里面用了这些材料,所以我们读起来就很具体。

但怎么从这些材料当中提炼出观点?(手指板书:从材料中提炼观

点)因此第二步要请你们把刚才所看出来的这些材料排列一下,排列梳理(板书:排列梳理),有的是十二个材料,有的是九个材料,把这些全部排列出来后请你把它们归归类(板书:归类集中),看这些材料可不可以合并,可以归成几类?

(生议论,有的说三类,有的说两类)

师:好,×××先讲。

生 14:一类是过去中国运动员参加奥运会的材料。

师:一类是过去中国运动员参加奥运会的材料。

生 14:第二类就是第 23 届奥运会,中国运动员取得三方面奖牌的材料。

师:李宁的,许海峰的,栾菊杰的,中国女排的,等等,都是这一类材料,好的。

生 14:第三类外界报纸对我们的评论。

师:外界报纸对我们的评论。

生 14:过去的和现在的。

师:过去的和现在的,他认为有三类。有没有补充?

生 15:我认为还有一类,就是在××这篇文章中(指最后一篇)运动员们得到了国家和人民的支持。

师:××的作文当中写到,这次运动会是得到国家和人民的支持,这也是一类对不对?

生 16:我认为不应该照×××(指生 14)同学那样分,因为外界评论也有对以前的关于 0 的方面的评论,还有对现在的关于 32 方面的评论,总的来说,可以把这些材料分为关于 0 一类和关于 32 一类。

师:就是分成几大类?

生 16:两大类。

师:那么两大类里面还可以细分吗?

生 16：可以。

师：怎么细分？

生 16：我认为两大类里面，一类就是在中华人民共和国成立前参加奥运会的败绩。

师："败绩"，这个用得很好，"败绩"是耻辱啊！包括什么？外界的——

生 16：外界的各种评论。

师：各种讽刺、评论。

生 16：（继续讲）这里面还有一类，就是政府腐败。

师：对，指旧政府的腐败。

生 16：第二类材料细分也可以分为两种，一种就是体育方面的，还有一方面是党和人民政府的支持。

师：这是第二类的，一是体育方面的，一是党、政府、人民的支持。还有吗？再想想，你说了，前头讲过忘了，党、政府、人民的支持，还有吗？

生 17：还有就是外界具体的对第 23 届奥运会的评论。

师：对第 23 届奥运会的评论，对不对？所以 32 这一组材料下面又可以分三类。关于体育训练这方面还可以分吗？

生（议论）：还可以分。

师：分几类？

生（部分）：两类。

师：哪两类？

生 18：一个就是运动员本身。

师：运动员本身，好。

生 18：还有就是他们在训练时的情景，和教练员的——

师：你胆子大些。一个是运动员的，还有呢？

生 18：教练员的。

师：教练员教得出色。所以从这里我们就可以看出,尽管我们用了几十个材料,但是你把它梳理以后,归类集中,很清楚就是在两类里面,一类是 0(指板书"0"处),一类是 32(指板书"32"处),这样就能够扣紧题目。我们仅仅是归类,那仍然是拎不出观点。因此第三步,我们就是要从这些材料当中来找出它的意义,就是要剖析材料的意义(板书:剖析材料的意义),因为材料是文章的什么?质地(板书:质地),一篇议论文章没有材料,那就会空发议论。这些材料的意义究竟在哪儿?材料的价值是不完全一样的,你们说对不对?因此我们要学会剖析材料的意义,剖析材料,弄清这个材料里头所含有的意义。我们把材料集中起来,分清主次(板书:分清主次)。刚才同学们归类很清楚,是两大类,两大类里面又分许多小类,那么请同学们看看,在这些材料当中,哪些材料是最主要的,要写这篇文章是非用不可的?而哪些材料是可选择的?

生 19：我认为有两个,一个是关于"0"的,当时参加奥运会 0 奖牌的材料,另一个就是这次奥运会上我国运动员所取得的"32"块奖牌的材料。

师：这两个是最主要的材料,对不对?这是最主要的材料,非用不可;而其他的材料,比如:关于教育的,关于外界评论的,这些怎么样?可以选择了用。在用的时候,请同学们特别要注意的,就是要提取最有意义的(板书:提取最有意义的)材料,这样用的时候就可以从中提炼出观点来。我们刚才讲 0 这一组和 32 这一组,这两个实质性的材料是无论如何不能够忽略的,但是写的时候你们看,0 跟 32 应以什么为主?

生(大多数):32。

师：对!过去的 0 只不过是什么?只能说明过去,尽管是奇耻大辱,但是只能说明过去,我们用那个 0 的材料来突出说明今天的 32,因此 32 的这组材料是最重要的。从这个当中要提炼出怎样一个观点?我们怎么会取得 32 块奖牌的?在这个方面×××的文章结尾一段和××的这篇文章最能说明问题。我们现在请×××自己把文章末尾的两段读一读。

生 20:(朗读自己的习作)"体育是一个国家的窗口……让全世界更清楚地看到新中国的风貌。"

师:她读得很好。我们看这两段议论是不是观点鲜明?

(生部分点头)

师:观点鲜明,因为前面摆了十几个材料,然后把这两组材料进行强烈的对比,揭示其中的实质,就看出过去为什么会有这样的耻辱,是由于旧社会落后,国力的衰败,而今日我们之所以能够取得这样辉煌的成就,是由于社会主义国家的兴旺发达。因此通过 0 与 32 之比,就提炼出这样的观点,体育是什么啊?

生(部分):是一个国家的窗口。

师:是一个国家的窗口。从这 0 与 32 之比可以看出,我们国家确实是兴旺发达,社会主义祖国兴旺发达,这就确立了主要观点(板书:确立主要观点)。通过材料的搜集、梳理、归类、剖析、提取最有意义的(指着板书讲),就能提炼出这篇文章的主要观点。因此,提炼的过程实际上也就是一个什么过程?

生(议论):思维过程。

师:对,是一个复杂的思维过程(板书:复杂的思维过程),从材料当中提炼观点的过程,实际上也就是一个复杂的思维过程。而在这个复杂的思维过程里面,一个就是要会怎么样?归纳(板书:归纳),比如我们从报上看到许多材料,我们从广播里听到许多材料,从电视里看到许多材料,这些都是散的,散在各处的,你要写这篇文章时要把这些材料搜集起来,然后归类、梳理清楚。归纳分类以后,怎么提炼出观点呢?很重要的就是在什么上面下功夫啊?

生(部分):分析。

师:要解剖分析(板书:分析),这是一个复杂的思维过程。在这个过程当中,归纳和分析十分重要。因为材料有的是很有价值的,有的是一般性的,要大胆地取舍,这就要靠认识问题的能力和判断问题的能力,一篇文章要写好,必须要提炼观点,刚才读的×××的文章,前面摆出了材料,后面他议论得很清楚,从这里就可以看出,通过0与32之比,讴歌我们祖国体育事业的辉煌成就,讴歌我们社会主义国家的兴旺发达,这个观点就十分鲜明。按理讲,我刚才讲的这些内容应该在什么时候做呢?

生(插说):写作前。

师:对,写作文之前做的,是写前的工作(擦去"0与32之比"和"质地",用红粉笔板书:"写前")。以后碰到写这类文章要涉及很多材料,因此要搜集占有,搜集占有以后要会排列梳理(在板书的"搜集和占有材料"与"排列梳理"之间画上"√"),梳理了以后要归类集中,而且要会剖析(在板书的"归类集中和剖析材料的意义"之间画上"√"),剖析了以后要分清主次,随后再去提炼其中最有意义的(在板书的"分清主次和提取最有意义的"之间画上"√"),这样就完成了从材料当中提炼观点的过程。现在我们讲评把它怎么样?

生(部分):倒过来。

师:对,倒过来。因为我们在评论文章。学习要举一——

生(抢说):反三。

师:对,还要会"反三"。以后我们写这一类议论文,一定要记住提炼观点。提炼与确立观点还只是写好文章的初步,还有写时(用红笔板书:"写时")的工作。文章观点是文章的灵魂,确立观点以后,第二步的工作应该是什么?根据观点要怎么样啊?

生(部分):精选材料。

师:对了,回过来了。确立了观点以后,要根据你所提炼出来的观点,再精选材料(板书:根据观点,精选材料),看看我要说明这个问题,哪些材料最能讲得清楚,要根据观点精选材料。精选材料以后还要议,要论,所以要剖析事理(板书:剖析事理)。写的时候怎样根据观点精选材料,剖析事理,我们看一看××这篇文章,他是不是做到了?现在我们请一个同学把××这篇文章(指文4)读一读。

生21:(朗读)"第23届奥运会胜利闭幕了……报道——上只,报道上——"(读破句)

师:怎么读,重来。

生21:"报道上只有讽刺和嘲弄……为什么在短短的52年里,中国运动员能提高这么快?"

师:不行,读走音了,重来。

生21:"为什么在短短的52年里,中国运动员能提高得这么快?……是无限的辽阔。"

师:读得比较好了。我们看这篇文章观点清楚吗?是歌颂中国体育健儿的辉煌成绩,并且剖析原因。我们在议论的时候要注意,我们古时候有这么一句话,"论如析薪"(用红笔板书:论如析薪),好像是劈柴火一样,"贵能破理"(用红笔板书:贵能破理),要能够把道理讲得很透彻。××这篇文章用了几个材料?刚才讲几个?

生(多数):十个。

师:十个材料,但是我们觉得累赘吗?

(生摇头)

师:不累赘,因为他的材料都是为说理服务的,用得很精练。比如一开始,他是怎么用的?用了两个外电的报道,法新社报道说:"中国人以惊人的15枚金牌,迫使世界承认它是体育强国";第二个材料《泰晤士报》报道说:"中国不久将和欧美一样成为体育强国。"这很有一点别开生面,对不对?用材料来说明我们在奥运会上取得的成绩,不入俗套。也就是说,我们在写文章的时候,别人已经说得很多的,还要不要重复?

生(多数)：不要。

师：写的时候要求有新意。第二我为什么要×××同学(指生21)把这篇文章读一读呢？我用来回答××同学(指生2)的话，(生2有点紧张)你(指生2)不必紧张。他开始说，写这样文章要有议论、记叙，可不可以夹叙夹议啊？是可以的，但是要以什么为主？

生(部分)：议论。

师：还是以议论为主。××这篇文章是写得很不错的，但有一个不足的地方，就是在七、八、九三个材料当中，用××(指生11)的话讲就是在四、五、六材料当中叙述怎么样？××你自己说(习作者本人)，你觉得叙述得怎么样？

生22：叙述得太累赘了。

师：叙述得过于详尽了，因此显得有些累赘。在议论文里用材料的时候要学会浓缩。

生23：我想讲一个，运用材料的时候要注意材料的准确性，××同学的作文当中，他说我国的大力士获举重5枚金牌，应该是4枚金牌。

师：应该是4枚金牌。

生23：还有在××(文4)的文章里讲教练员在中美女排决赛当中，每当战斗到紧张的时候，中国队侯玉珠就上来发球，其实侯玉珠就这么上去发了一次。

师(笑)：是几次啊？一个说是"每当"，一个说是"一次"，××自己说(习作者本人)，请坐(指生23)。

生24：比赛中紧张的时候是不多的，只有第一局的最后，因为后面两局美国队就根本没有什么士气了。

师：所以只用一次，那么他提的对不对，"每当"这个时刻？

生24：当然不对。

师：好。

生 23：还有就是"接发球就失误"是不对的。

师：应该是什么？

生 23：接发球就容易失误。

师：就容易失误。好，讲得非常好，我本来要布置你们三个作业，现在有一个已经被这位×××(指生 23)讲了。你们根据今天讲的内容，从材料中提炼观点，自己评自己的作文，自评以后要互改一下。三个要求：第一，你写的这篇文章是记叙文还是议论文，请你把文体区别一下；第二，你运用了哪些材料，这些材料的准确性如何？其实在我们印的作文中材料也是有不准确的，我不讲了，请你们回去反复看；第三，写这样的文章，既要观点鲜明，材料充足，还要语言通顺。总体来说，这几篇语言都很通顺，特别是××(文 4)这篇文章的结尾部分，语言写得很有点气势，对吗？用比喻来表达，"'0'它沉重地锁着我们，使我们头抬不起来，腰直不起来。然而，'32'就像一声春雷，它击开了锁链，使我们站起来了"。用比喻点题，寓意其中。而且最后讲："'32'，不是终点，而是起点，它的前面，是无限的辽阔。"最后一句非常好，但是与此同时，我觉得其他同学作文有的结尾部分有毛病，看出来了吗？

生（议论）：××的(文 3)。

师：噢，××的(文 3)，他说："零，是过去的耻辱；零，是未来的开端。"行不行？

生（多数）：不行。

师：大概是笔误，因为在同一个语言环境里使用一个概念的话，不能有歧义，这个地方应该改成什么？

生：（集体）32。

师：32，是未来的开端。课后自评作文，然后互改，清楚了没有？

（生点头）

师：下课！

【板　　书】

从材料中提炼观点

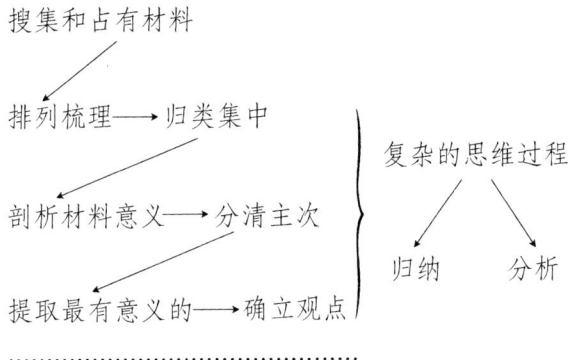

根据观点，精选材料，剖析事理